篠原雅武

生きられたニュータウン

未来空間の哲学

青土社

生きられたニュータウン　目次

生きられたニュータウン　未来空間の哲学

天井に　朱きいろいで
戸の隙を　洩れ入る光、
鄙びたる　軍楽の憶ひ
手にてなす　なにごともなし。

小鳥らの　うたはきこえず
空は今日　はなだ色らし、
倦んじてし　人のこころを
諫めする　なにものもなし。

樹脂の香に　朝は悩まし
うしなひし　さまざまのゆめ、
森並は　風に鳴るかな

ひろごりて　たひらかの空、
土手づたひ　きえてゆくかな
うつくしき　さまざまの夢。

中原中也「朝の歌」

序文

ニュータウンは、理論と計画にもとづく、人工的な都市である。その多くが、丘陵や海浜の埋立地に穿たれた空白地に、巨大な規模で建設されている。主要な構成要素は団地であり、団地のあいだには緑地があり、植樹されている。アスファルト舗装された街路があり、遊具の揃った公園がある。公民館、小学校、交番、消防署、図書館、医療センターがあり、スーパーマーケットやコンビニがある。本書はニュータウンを哲学的に問うものである。そのためには、ニュータウンに固有の問題を、何らかの理論的設定のもとで提示しようとすることが求められる。つまり、ニュータウンをどのようなものと捉えるのかが問われる。以下では、ニュータウンを独特の空間世界と捉えるところから、考察を始めてみたい。

*

ニュータウンの空間は、透明で、平穏である。そして、この透明感、平穏には、どことなく紛い物めいた雰囲気がある。透明で平穏であるこの状態に現実感がない。

現実感がないのは、そこで時間が停止しているように感じられてしまうからである。もちろん、人は日々、ニュータウンのなかで生活している。朝には目を覚まし、歯を磨き、朝ごはんを食べ、学校へ行き、会社へ行く。昼には公園で遊び、買い物へ行き、道端で立ち話をする。つまり何かをしている。その間、時計の針は動いている。カレンダーの日付も変わっている。にもかかわらず、時間が停止しているように感じられてしまう。停止状態は、ニュータウンに身をおく身体において、空間性のある事態として、経験される。一九七九年生まれの小説家である村田紗耶香の『しろいろの街の、その骨の体温の』は、ニュータウンを舞台とする作品であるが、そのなかに、印象的な記述がある。

この静かな白い世界にいると、自分が埋葬されているような気分になる。駅のほうを見ると三年前にできたクリーンセンターの純白の時計台が小さく見える。それは私たちの死んだ時間を見守るようにじっと佇んでいる。
あの時計は五年生の頃、それこそ蜃気楼のように突然現れた。高いビルが一つもなくて広々としていた空に、突然無機質な白が食い込んだ。
けれど、それを最後に、それ以上空は侵食されることなく、駅前の光景も変化することがなかった。(1)

ニュータウンでは、時計は動いている。朝も昼も夜もあるし、四季もある。それでも、ニュータウンに身をおく身体は、別のことを経験している。つまり、みずからをとりまく世界の停止である。何かをしていてもそのことが本当に起きていることであると確信できないという身体感覚は、空間の停止状態と相関している。

＊

ニュータウンは、現実に存在している。にも拘らず、そのなかで起きていることが、現実のことのようには思えない。ニュータウンという空間世界に特有のことを考えていく手がかりは、この感覚にある。ニュータウンに特有の感覚は、平穏で透明で無摩擦の停止した世界で個々人が現実感を失っていくことであると、ひとまず述べることができよう。

ニュータウンには固有名がないということに、現実感が希薄であることの理由を求めることもできるかもしれない。つまり、そこには記号化された地名と番地だけがある。街区、公園、団地の棟、階数、部屋番号はすべて、竹見台やけやき公園や二街区や三号棟や二階の二号室というように、人工言語で指示される。ニュータウンはそもそも、山林や丘陵の造成をつうじて抉り出された空白地において、立ち現れた世界である。抉り出された空白地が、記号と番号で指示される、団地や公園や街路や街区で充たされていく。現実感の希薄さは、記号化された空間世界のあり方と、関係があると考えることもできるかもしれない。

それでもニュータウンは実在している。団地があり、芝生があり、街路があり、公園がある。つまりニュータウンもまた実在の世界であり、それ特有の空間性がある。その内で起こる出来事や言葉やふるまいがたとえ固有名を欠いたものと思われようとも、固有名を欠くというあり方において、実在している。

ニュータウンで生きるとは、一定の空間のなかに身をおいて、生活を営むことである。身体が空間のなかにあり、空間のなかでその営みが成り立つ。空間は複数である。団地のなかには住宅があり、住宅のなかには部屋がある。団地の周囲には公園があり、広場があり、芝生がある。

その各々の空間は、ひとつで完結することがない。部屋は、他の部屋と区別されつつ、扉を介して連関する。家は、他の家や公園やコンビニと区別されつつ、街路や車道を介して連関する。そして空間の各々が、それぞれに何かをとりまき、包み込む。包み込む空間が、浸透し合い連鎖する。

にも拘らず、ニュータウンという世界では、相互浸透とは真逆の論理が優勢である。空間を区別し、切断し、その各々の内部を透明にしていく。芝生は芝生であり、街区は街区であり、街路は街路である。街路と芝生は区別され、その境界ははっきりしている。そしてニュータウンは、ただその内側において透明性が維持されているというだけでなく、その外の世界とのかかわりにおいても、明確に区別されている。

ニュータウンにおける非現実感は、相互浸透性の欠落と、関係があるのではないか。相互浸透性を抹消する、透明性の論理である。

*

マルチニック出身の思想家・文学者であるエドゥアール・グリッサンは、一九九七年に刊行された『全-世界論』のなかで次のように述べている。

初めて、人類の諸文化は、その半ば以上が、全体的かつ同時的に相互接触の場におかれ、相互反応の熱に沸き立っている(2)。

グリッサンは世界を、複数の様々な諸世界の混成体として考えている。そしてこの混成体は、異質な世界が出会い、関係していくところにおいて形成される。様々な世界が混成し、錯綜していくところに、世界が成り立つ。

そうであるならば、極東の島国に点在しているニュータウンという世界も、相互接触、関係性の場のなかに存在すると考えることもできるだろう。にも拘らず、ニュータウンは、他の世界との相互接触を欠いている。そもそもが、ニュータウンという区域は、それだけで完結した、自己充足的な世界と見立てられるところにおいて、成り立っている。

ニュータウンという空間に特有の非現実性の感覚は、内部における諸空間の分離、透明性、外の世界との関係性の欠如に由来すると考えることができるだろう。諸世界は、相互に接触し、混淆し、錯綜していくのにも拘らず、それとは逆に、孤立し、分離され、整序され、自足していく。

だが、この分離と自足の状態にしても、これがいったいどこで生じているのかと問うていくと、考察はさまざまに枝分かれしていく。団地と団地のあいだ、部屋と部屋のあいだ、街区と街区のあいだ、ニュータウンとその外の世界とのあいだにおいて相互接触がなくなると考えるにしても、ではいったい、相互接触がなくなるとはどのようなことかという問いには、さまざまな考察がありうる。

ハンナ・アレントの議論を踏まえるならば、相互接触の消滅の根底には、公共空間の衰退が起こっていると考えることが可能である。人々のあいだに置かれたテーブルのように、公共空間は、「人間を関係づけると同時に引き離す」(3)。アレントを導きとするのであれば、ニュータウンに特有の分離と自足の問題は、あいだとしての公共空間が欠けていることの問題ということになろう。団地と団地、街区と街区、部屋と部屋のあいだに、様々な「人間を関係づけると同時に引き離す」境界的な空間を創出することが、問題の解決ということになる。となると、公共空間とはなにか、その成立の条件とは何かが、問われる課題となる。

だが、そもそもニュータウンは、山林や丘陵の只中に穿たれた空白地を充たすことで成り立っている。集まりと出会いのための公共空間などはなかったところに成立している。そこには、古代ギリシアに由来する理念もなければ西洋的な都市の原理もない。空白地が、団地や芝生や公園や学校といった様々な要素空間で整然と充たされていく過程の帰結である。ゆえに、ニュータウンの分離と自足を考えるには、要素空間が寄せ集められて秩序化されていく実在の過程に着目していく必要がある。(4)

*

ニュータウンは、西洋世界だけでなく、非西洋の世界にも存在している。そこは、公共空間の理念が、もともと存在しない世界である。にも拘らず、非西洋世界のニュータウンも、非現実性、停止、分離と自足、関係性の欠如といった哲学的な問題を提起している。西洋由来の哲学・思想の伝統とはかかわりのないはずの世界において、西洋に由来する都市環境が建設されたことのために、哲学的な問題が提起されている。これをどう考えたらいいのか。

非西洋の世界において自分が生きる状況を哲学的に考える。グリッサンは、この課題に取り組んだ先駆者であった。だからこそ、彼が提示する〈関係性〉の概念は、非西洋世界の側に根ざした世界性の経験を理解するためのものとなっている。

〈関係性〉は世界的であるという。それは一つの明証性を発信するということではない。なぜなら、その空間が世界に属するばかりでなく、その個々の空間が世界空間に潤されていることを我々は知っているからである。経済的、政治的、精神的な諸々の理由で、そこから脱出することが困難な閉鎖的な空間が存在することは確かだ。また荒廃した空間もある、そうした空間の不幸は閉鎖性を捨てきれないことだ。しかし世界空間はいたるところに存在し、一つの不変数になっている。自らの孤立によって弱体化されているように見える共同体の想像界に、共同体自身が自らを孤立させるものとして戦いを挑んでいるときに、そうした空間の存在を活性化するにはどうしたらよいか？(5)

本書は、ニュータウンに特有の空間性を、まずは非現実性という感覚を手がかりにして考えようとする。そして、この非現実性の感覚を、諸々の複数の世界が接触し、混淆し、錯綜していく関係性の場から切断され、閉鎖的な空間になっていることに由来するものと考えていく。ニュータウンを、非西洋の世界をも含めた世界の只中にある空間として位置づけ、この世界性との関連のなかで、ニュータウンの空間性の特質を考えようとする。

ゆえに本書では、非西洋の哲学者、思想家、文学者、建築家の考察から、多くの示唆を得ようとした。もちろん、西洋由来の哲学・思想の動向からも多くの示唆を得ているが、だからといって、西洋の伝統をそのまま援用することで、非西洋のニュータウン世界の理解が可能になるとは考えない。とはいえ、西洋思想を完全に拒否し、非西洋に独自の思想の伝統だけでニュータウンの理解が可能になるとも思えない。なぜならば、ニュータウンの空間原理は、西洋の経験に由来するからである。

『生きられたニュータウン』は、ニュータウンという世界を問う。ニュータウンは、相互接触がすすむ過程にある世界とのかかわりにおいては、切断され、孤立している。つまり、閉鎖的な世界である。そしてその内側を構成している団地や商店といった諸部分空間もまたそれぞれに分離され、透明な秩序が貫徹されている。結局、問われることになるのは、閉鎖性、分離、透明性を生じさせているニュータウンという世界をいかなるものと考えたらよいのか、である。閉鎖、孤立、分離の基本においては、無関係という関係形式がある。ニュータウンという世界は、相互連関が深化していく世界のただ中にあって、無関係において成り立っている。

＊

ところでニュータウンは、人間の日常の生活を考えることなくつくりだされた都市であるというように、批判的に考察されてきた。合理的で機能的で効率的な空間秩序が、じつは人間生活の細やかなものへの配慮を欠いていたという批判である。

それでも、人はそこで生活してきた。人間の営みへの考察が欠落しているとされる空間で、人間が生活してきた。本書が関心を向けるのは、ニュータウンのなかで現実に営まれてきた生活において形成された、生活形式である。非現実感、無関係といった状態は、ニュータウンという空間において形成された生活形式から生じている。これをどのようなものと考えたらいいのか。繰り返しになるが、本書は、ニュータウンの生活を全面否定しない。むしろ、透明性と一貫性を基調とするニュータウンという空間のなかで営まれていた生活自体に、この空間の限界を突破するための予見が潜在的に含まれているという予感から、考えを進めていきたいと思う。つまり、人間生活が無視されているといわれる空間で生きてきた人間は、逆説的にも、人間生活を営むことの条件について常に思いを巡らせてきた。古くからある伝統や美徳といったものは、身体的にわからない。それでも、人間生活を、多くの人たちと営んでいかなくてはならない。そのためには、何が求められるのか。

坂部恵は、人間の営みを相互関係的なものと把握するのだが、この相互関係的な営みの基底を、「私と汝の〈響き合い〉、〈うつし〉合い」(6) としかいいようのない何ものかとして提示する。

それぞれの〈おもて〉(顔)をもって世にある〈ひと〉が、単なる〈ひと〉(他人)にまで還元・解体・原子化されることなく、〈永遠の今〉の〈ふれ〉の無限の深みに根ざした、〈私〉と〈汝〉の〈響き合い〉〈反響〉〈応答〉、ひいては〈うつり〉合いの〈干渉〉のうちに生きる仕合わせ……(7)

坂部の考察は、ニュータウンという空間が、平坦で、停止し、現実性を欠いたもののように経験されてしまうことの理由を考えるための手がかりになる。ちなみに、坂部恵は哲学者であり、カント哲学の研究者であるが、一九九七年に刊行された『〈ふるまい〉の詩学』は、哲学を基礎としつつ、文学や能といった、美的感覚に触れる領域にまで範囲を拡げたうえで、人間のふるまいを繊細かつ緻密に捉えた点で、画期的な著作といえる(8)。また、磯崎新は、坂部は「建築家以上に建築的思考をする人だった」(9) と述べているのだが、たしかに坂部の文章も、世界を空間性のあるものと捉える感覚から発されているものとして読みなおすことが可能である(10)。

本当に問題とすべきは、「ふれ」や「響き」というような、気配や雰囲気にかかわる言葉で言い表される何ものかなのだろう。それらは、人の心から独立している状態で、実在している。それでも、気配や雰囲気は、事物そのものではない。ものならぬものというよりほかない何ものかとして実在している。

＊

ところで本書は、ティモシー・モートンの『自然なきエコロジー』から、多くの示唆をえている。[11]モートンは、一九六八年英国生れ。[12]シェリーやコールリッジなどイギリスロマン派の文学研究を出発点とするが、次第に現実世界への関心を高めていく。二〇〇〇年には食にかんする著書を刊行する。その後、二〇〇二年に刊行された詩学にかんする論文で、空間、環境といった概念にかんする考察を提示する。[13]そして、それに続く二〇〇五年の論文「環境主義」では、文学にとどまらず、歴史研究、哲学、美学といった領域にまで考察の範囲を拡張し、環境をめぐる独自の見解を提示する。[14]これが、二〇〇七年の『自然なきエコロジー』に結実する。モートンの立場は、「環境」を、自然への回帰といったロマン主義的な傾向にとらわれることなしに思考しようとするものである。そこで手がかりとなるのが、私たちをとりまき、その生の支えとなっているものである。それをモートンは、雰囲気（ambience）としかいいようのないものとして捉えようとする。この立場は、世界を記号や言説で構築されたものと捉える文化論的な立場を批判し、乗り越えようとするものといえる。[15]つまりモートンによれば、世界は、雰囲気、質感、動きに満ちたものである。環境を、質感という感覚的なところから考えていくというモートンの試みは、じつはきわめて現代的である。人文学の関心は、長らく言語の問題に向けられていたが、二〇〇〇年あたりから、私たちが生きているこの世界のあり方へと向けられるようになっているからだ。

モートンの著書に触発されて書かれた本書も、ニュータウンに漂う雰囲気、空気感を、提示しようとするものである。ニュータウンで生活している人たちの内面性や、実生活というよりはむしろ、それが営まれている条件である空間の質感が主題である。現実感が希薄で、孤立していて、相互浸透性を欠いていて停止した状態にある空間の質感を提示することが課題である。

さらに本書は、ニュータウン経験を、近代化がすすむ日本に固有の経験として捉え直そうと試みた。鉄道や電信や工場や医療など、明治維新以前には知ることのなかった技術の導入は日本人の生活様式を徹底的につくりかえたが、一九六〇年代の高度経済成長期になって本格化したニュータウンの建設の影響は、生活様式だけでなく、ふるまいや心のありかたにまで深く及んだ。そこで生きていた人たちは、ニュータウンで生きるとはどのようなことかをよく知っているはずである。にも拘らず、この生活経験がどのようなものかを、徹底的に考えることができているとは言いがたい。経験を、ニュータウンという世界のなかで生じたものとして捉え直すことが求められている。そのためにも、ニュータウンという空間世界の成り立ちの論理を理詰めで提示することが求められる。

そして本書は、ニュータウンの考察をつうじて、空間の概念を提示しようと試みる。人間にとって空間とは何かという問いに対し、これまでは、人間の内面性との密接な結びつきや場所の記憶といった概念とともに語られてきたが、本書は、空間を人間に対して外在的なものと捉える。人間のふるまい、生活の営みに対し、空間は外在的な関係にあり、それらを支え、促していく条件である。空間の外在性は、ニュータウンという、内面性との結びつきをそもそも欠いた生活空間の考察を突きつめることの先に見出されてくる。ここに立脚することで、私たちは、新しい生活空間、都市空間の像を描くことが可能になる。

＊

近年、人間の身体を、出会って集まるところにおいて生活する存在として捉え直し活性化させようとする実践が、建築家のあいだで試みられるようになった。常山未央の「不動前ハウス」は、築三七年の大きな一戸建て住宅を、複数の女性が一緒に生活することを可能にする空間へと改装するという営みの産物である。一階部分が共有スペースで、二階が住居スペースである。一階ではときおりパーティなども行われる。一階は、大きなリビングになっている。扉を開け放つと、リビングが路地を招き入れていくことになるが、そのことで室内は、開放的な空間になる。また複数の個室の位置する二階は、各部屋の外周部を廊下がとりまく構成になっている。そのことで廊下はただの通路ではなく、住人同士の立ち話を可能にする、縁側のような空間になる。本書の関心との関連で見るならば、この試みは、核家族的な生活形式に対応する戸建住宅や集合住宅団地のようなニュータウン型の空間の拘束を逃れ、閉じた空間とは違う、新しい空間を形成しようとする試みであると考えることはできないか。新しい開かれた空間の独自性、重要性を理解するには、そこで批判対象とされている空間が何であったかを見つめ直すことが求められるだろう。つまり、閉じた空間である。開かれた空間を模索する人たちや、それをつくろうとする建築家たちは、閉じた空間を今後もずっと存続させ、それに対応する感覚と思考習慣と行動様式をずっと存続させるのは困難になるということを感じとっている。開かれた空間が形成されることの意義をはっきり論じるためには、閉じた空間とそれに対応する心身の状態を克服されるべきものと見なし、その限界と無理を理詰めで論じることが求められる。克服すべき現実の惰性の具現化ともいうべき閉じた空間を論じるにあたって、ニュータウンは格好の素材となるだろう。

＊

さらにいうと、ニュータウンを問うことは、現代という時代を思考するうえでの手がかりになる。ニュータウンは、進歩と成長が信じられた時代に建設され、消費社会化が進む時代に拡張した。その間、核家族的な生活形式は表面上は維持され、幸せな家族像として信じられてきたのであったが、現在はどうだろうか。二〇一〇年前後になって、高度経済成長の時代が終焉し、別の時代が始まっていることを告げるかのような決定的な出来事を私たちは経験した。そして、日々の日常生活のあり方も、緩慢に変化しつつある。それを経験するにつれ、進歩と成長が、高度経済成長期と同じようにして安定的に持続するなどと素朴に信じることなど難しいと考える人も増えてきているのではないか。ニュータウンは、無限の進歩と成長が可能であるという信念に対応する空間である。つまり、そうとはもはや信じることのできない人間の思考や感覚には、対応していない。それゆえに、ニュータウンの老朽化、荒廃は、仕方のないことであると考えることも可能である。私たちはいつしか、ニュータウンのような空間が永遠に存続するなどありえないと考えるようになっていたはずだ。無限

不動前ハウス、堀田貞雄撮影

の進歩、成長を信じることのできない状態にある人間が、こうした信念の産物である空間のなかでいまだに生きてしまっている。ここには、何らかの歪さがあり、無理がある。

＊

次第に、ニュータウンのような空間とは違う空間を求める人が出てきたのは、時代の動向からいって、当然のことといえるのではないか。ニュータウンの先を見ようとする人が出てきた。機運が変わりつつある。人びとは、進歩や成長を素朴に信じるのでもないが、だからといって、進歩や成長への対抗運動が未来を切り開くとも信じていない。それでも、先をみようとする。つくりだされた環境の質をよりよいものにしようとする。

本書は、ニュータウンのような空間のさらなる先を想像しようとする人たちのために書かれている。ニュータウンとは何だったかを見つめ直し、また、この空間において育まれた思考習慣、行動様式を見つめ直し、それらを、現在という転換点において克服する。未来の都市への想像力は、この内省と克服という鍛錬を要する。かく言う私も、内省と克服に努めた。その意味で本書は、私自身の鍛錬の産物といえる。読者の皆様にも、各自の経験を内省し、みずからの思考習慣の克服に努めることを呼びかけたい。本書は、そのための参考資料の一つである。

第一部

第一章　生きられたニュータウン

以下の考察は、ニュータウンという世界に特有の問題、ないしは、ニュータウンが成り立つことの基本的な諸条件をめぐるものとなる。この考察は、第二部以降で展開される考察のための準備である。

ニュータウンを考えるにあたって、まずは、ニュータウンには目には見えないが感覚される雰囲気があると想定する。この雰囲気に身をおくときに生じてくる現実感の希薄さが、ニュータウンを考えるための最たる手がかりであると考えてみる。

現実感の希薄さは、雰囲気において生じている。この雰囲気は、虚構や無意味や場所性の欠如といった文化論的な概念枠を参照するのでは捉えられない。ではいったい、どこにこの手がかりを求めたらいいのか。それを考えるためには、ニュータウンという空間において生じる雰囲気、気配、うごめきが、何を条件としているのかというようにして考察をすすめる必要がある。私は、ニュータウンが山や丘陵における宅地造成を条件とすることに着目する。宅地造成とは、自然への人為の介入であり、改変である。ここに成り立つニュータウンは、ただ人為の産物というだけでなく、自然への介入をともなうものともいえるだろう。現実感が希薄であるということは、ニュータウンと自然とのかかわりに、関係があるのではないか。

ニュータウンの現実感の希薄さを、自然とのかかわりにおいて考えるためには、虚構と現実、無意味と意味、偽物と本物といった概念枠では捉えられないところにまで感覚を及ばせていく努力を要する。虚構と現実、偽物と本物という概念枠でも把握可能な表象の水準よりも抽象度の高い現実の水準を感覚しようとすることが求められる。ニュータウンを現実感の希薄な空間と捉えるのは、じつはむずかしい。なぜなら、ニュータウンには人が住んでいるからである。人びとは、夜はテレビを観て、朝もテレビを観ながら食事をし、仕事へでかけ、学校へ行き、学校では授業に出席をし、おしゃべりをし、放課後はサッカーをし、習い事をし、夕飯を食べて、テレビを観て寝るというようにして生活している。この日常に埋没していて何の疑問を抱かないでいることのできる人は、ニュータウンに漂う独特の雰囲気を感覚することはないだろうし、そこに奇妙さをみてしまうこともないだろう。ゆえに、ニュータウンに特有の質感を考えるためには、ニュータウンを充たす日常の喧噪を逃れ、そこから自由になることが求められる。日常の喧噪の水準は、虚構と現実、無意味と意味、偽物と本物といった概念枠でも説明できるが、私が感じる現実感の希薄さは、喧噪とは別の水準において生じている。それは、静寂の水準である。喧噪は、空間を充たす雑音として存在し、その内容（音声）は、何らかの意味をともなって否応なしにそこにいる人にまとわりつく。これに対して静寂は、空間の質感にかかわる。空間の質感は、偽でもなければ本物でもなく、ただそのものとして生じ、そこにある。それは無形で、安易に言葉にできないが、それでもそこにある。静寂が生じ保たれているところに身を定めそしてふるまうとき、たしかに生きていると人は感じるだろう。

ニュータウンのエコロジー思考

ニュータウンは、計画的に建設された人工都市である。その形状に着目するなら、ニュータウンは、幾何学的に区分された都市である。だが、その事物としての特性に着目するなら、ニュータウンは、ガラス、鉄、アスファルト、プラスチックなどを基本的な構成要素とする、人工的な構築物である。そしてこの人工的な構築物は、効率性と機能性という観点から、構築されている。そこで営まれている生活もまた、効率的で機能的なものとなることが想定されている。はたして、このような人工世界が成り立っているということは、普通のことなのだろうか。私は、普通ではないと考える。

普通ではない。これは、ニュータウンという空間に私が身をおくときに私において生じてくる、想念である。当然のことながら、ニュータウンは普通ではないなどと考えない人もいるだろうし、そのような人からすると、ニュータウンは普通ではないという想念自体が、奇妙である。私は、ニュータウンが普通ではないという想念が、ニュータウンは普通ではないとは考えていない。だからといって、この想念が絶対的に誤りであるとも考えていない。私がまずいいたいのは、ニュータウンが普通ではないという想念がここに身をおく私において生じている、ということである。ニュータウンは普通であると考える人にとって、私において生じているこの想念は、奇妙であるかもしれない。それでも、この奇妙な想念が生じてしまっているというのは現実のことである。奇妙と思われてしまうかもしれない想念が、現実に生じてしまっている。

日本では、ニュータウンは、戦後の経済成長期に進んだ都市部での人口増加にあわせて建設された。以来、半世紀が経過しようとしている現在、そこで生まれ、幼少期を過ごした人は、大人になった。そこでまだ生きている人もいるし、他の地域へと移動し、新しい生活を営むようになった人もいるだろう。

このような人たちにとって、ニュータウンは、自明のもの、ありふれたものである。

> 集合住宅の窓の一つひとつが安らかならば、それでよいと思う。建物に意味や価値をつけすぎない方がいい。肝心なのは、そこで誰かが命を灯し続けているという事実。暑さ寒さをしのぐためのもの、と思えば、建物も衣服も同じ。(1)

集合住宅の窓、千里ニュータウンにて撮影

ニュータウンは、物質的な集合体である。事物でできた構築物である。それは多くの構成要素からなるが、そこにはたとえば集合住宅があり、街路があり、公園があり、芝生がある。そのうちでも主要なのが、住宅である。多くの住居があるということは、そこに住む人がたくさんいるということであり、そこに住む人それぞれが営む人生があるということである。その生活は、普通に営まれている。それが当たり前と思ってしまえば、とくに疑問を抱く必要はない。快適な環境を保ち、円滑な生活を営むための基本機能が保たれていれば、そこでの生活には満足できるし、ほかの人たちも満足していると思っていられる。ニュータウンは、所与の事実である。日常的に経験される事実であって、理論的・哲学的な問題を生じさせる疑念の余地は、一切存在しないということになる。

アドルノとホルクハイマーは、『啓蒙の弁証法』でこう述べる。「事実的なものこそ正しいとされ、認識はその反復に局限され、思考はたんなる同語反復になる。思考機械が、存在するものを自らに隷属させればさせるほど、それだけ思考機械は、盲目的に存在者の再生産という分に安んじるようになる」[2]。アドルノとホルクハイマーは、事実の再生産である同語反復的な思考において棄てられるのが概念的な思考であると述べる。所与の事実を正しいとする思考が唯一でなく、それとは異なる思考法が可能であるということを、彼らはここで示唆している。それは「さまざまな所与について、単に抽象的な時間空間的諸関係を見てとり、それに基いて所与を把握するだけでなく、むしろ逆にそれらの諸関係を表面的なものとして、つまり社会的、歴史的、人間的意味が展開されて初めて自己を充実する媒介された概念の諸契機として考えること」[3]である。つまり、所与の事実を正しいと捉える思考は、概念的な思考を棄て去るものである点で一面的であるとアドルノたちはいう。言いかえると、所与の事実的なものだけが正しいとは限らないと考えることも可能である、ということになるだろう。そうであるならば、ニュータウンが存在するということを、かならずしも普通のことではないと考えることも可能である。機能性と効用で律されている生活空間が成り立ち、そのなかで生活が営まれているという状態は、普通のことではない、というように。

何ゆえに普通ではないと考えるのか。このように考察を行なううえで、まずは、この機能性、利便性を何が可能にしているのかと問うことが、出発点となるだろう。言い換えると、機能的で利便的だから満足できるという信念自体を可能にしている条件は何かを問うことである。ティモシー・モートンが述べているように、このような思考こそがエコロジー思考である。それは、「意識化されることのないままである私たちの存在の諸側面を明るみに出すこと」である。本書では、ニュータウンとの密接なかかわりのなかで構築された私たちの生活様式の底の部分を抽象化された言葉で提示することを目標とする。そうすることで、「私たちの世界、私たちの問題、私たち自身を見直すこと」(4)が可能になる。ニュータウンという世界は、本当は奇妙な世界なのかもしれないが、この奇妙さはいまだに適確に把握されていないし、探求もされていない。

現実感の希薄さ　安部公房の『燃えつきた地図』

ニュータウンに特有の問題を考えるうえで、安部公房の『燃えつきた地図』は、決定的に重要である。安部は、ニュータウンを舞台とするこの小説で、ニュータウンの建設と連動していくかのようにして密やかに進む日常世界の変容を捉えようと試みた。

冒頭にはこう書かれている。

> 都会――閉ざされた無限。けっして迷うことのない迷路。すべての区画に、そっくり同じ番地がふられた、君だけの地図。だから君は、道を見失っても、迷うことはできないのだ。(5)

ニュータウンは、閉ざされた世界である。境

幾何学的な世界、千里ニュータウンにて撮影

界で確定され、その外の世界から切断された、自足した世界である。そしてその閉ざされた世界の内部が、幾何学的に区画化されている。そしてその区画が、番号で指示される。区画の各々には、複数の団地がある。団地の各々には、複数の住宅がある。その住宅もまた、番号で指示される。こうしてみると、ニュータウンは、数により構築された世界として、把握することができるように思われてくる。

ニュータウンを考えるとき、まずは、そこがこうして幾何学的に区画化されていることを意識化しようとする必要がある。これは一つの前提である。そのうえでさらに問うべきは、この機能的に区画化され番号を付された世界では、いったいどのような生活が営まれているのか、である。

丹生谷貴志は、『燃えつきた地図』を、「名前のない、皆同じ番地を打たれ、同じ顔をした者たちからなるまっ平らな世界」を提示した作品と捉える。丹生谷によれば、安部公房は、まっ平らな世界に立体的な実質を取り戻すことを放棄し、ただそこをまっ平らな世界として提示することに腐心した。丹生谷が提示するニュータウンの像は、次のようなものである。

まっ平らで輪郭を失い、ほとんど同じものの中にかろうじて微笑なりの痕跡だけを揺らめかせて通りすぎるものたちが、それでもなお名前を持ち過去を持ち、夢を持ち、計画を持ち、帰宅の時には時折花などを買い、誕生日のケーキを注文し、書類を書き、日曜日に起き、挨拶をし、散歩をし、昨日や明日の話をする……そうした事態が彼らを戸惑わせるのだ。名前がないことが戸惑わせるのではない。逆に、名前などありようもない筈の場所で、平然と名乗り続けているということ、そのことが信じられないのだ。(6)

たしかにニュータウンでは、現実感が、ときに薄れることがある。花を買い、書類を書き、散歩をしていても、それが本当にこの現実の世界で起こっているのかどうか、確信をもつことができない。現実感の希薄さは、ニュータウンという世界がまっ平らであることで引き起こされると、考えることができる。

ところで丹生谷は、ニュータウンが平坦であることを、固有名の不在と結びつけて考える。ニュータウンという空間は、固有名ではなくて数という抽象的な記号で律されているが、それでもなお、そこに生きている人たちには固有名があり、現実に生活を営んでいる。丹生谷は、ここに奇妙な不自然さを感じている。そうなると、ニュータウンの世界においては、固有名をもたず、数字化された状態で生きているほうが、より自然ではないのかという主張が導かれてもおかしくはない。無理して名をもつのではなく、名がないことを受け入れる。匿名化の肯定である。

だがニュータウンの平坦さは、ただ名がないことの問題なのか。空間の質感にかかわる事態でもあると考えることができないか。すなわちニュータウンは、山林や農地の造成という物理的な過程を経ることによって創出された空白に植えつけられた事物の世界である。番号や記号が付された対象は、建物や街路、公園となるべくつくりだされた立体的な事物として、実在する。そしてこの世界では、生活様式の形式化が進行する。ニュータウンの生活様式は、機能性、効率性、合理性で律されたものとして形式化されていく。

ところで安部公房は、若いころ満州にいた。そのときの経験が、『終わりし道の標べに』という一九四八年の作品に結実する。じつはもう、この小説の段階で、安部公房の主題ともいえる現実感の希薄さ、故郷喪失についての論述がある。「私にはもう過去や未来が在ると言う事を理解出来ないのだ。星も見えない暗がりの中で、一切が影そのものであるのか、若くは一切の影が消失したのかも分らぬ儘に、ふと背後にしのびよる大きな影に儚い愛情と希望を託する事があったとしても……。それは畢竟儚い望みだ。既に認識の意味を理解できなくなった私に、今更どんな故郷が残されているだろうか」[7]。現実感の希薄さという感覚の起源が、満州という、日本列島の外部において建国された国家に住むということにあるとするなら、安部公房がニュータウンに現実感の希薄さを感じてしまうのは、満州とニュータウンに何か親しいものがあることを直感していたからであると考えることができるのではないか[8]。いずれにおいても、広大な領土が空白とみなされ、そこに物理的な実在としての世界が立ち現れる。安部はこの物理的実在の水準において現実感の希薄さを感じとっている。記号や固有名といった概念枠など参照しないほうが、安部公房のニュータウン経験をよりよく追体験できると私自身は考えている。

人工都市における欠乏

ニュータウンの空間について考えるとき、それが機能的で合理的な生活に適うものとして構築されていることが前提となる。ゆえに、ニュータウンの空間も、機能的で合理的な空間になっている。つまり、論理的に一貫した計画モデルに従って生産されたということである。計画モデルは、普遍的である。原則的には、世界中のどこであろうと存在することができる。そのために、ニュータウンは地域性を欠いていると考えられてきた。ニュータウンに身をおくとき、そこがどこなのかわからなくなるときがある。ニュータウンにおける典型的な空間経験は、均質性、平坦、空虚といったものとして、これまで論じられてきた。

ところで私は、ニュータウンには何か奇妙なものがあると考えている。だが、その理由は、ただ地域性や場所性を欠いていることに求めることはできないとも考えている。つまり私が主張したいのは、機能的で合理的な生活形式が空間性のあるものとして成立している状態には何か無理がある、ということである。この無理は、地域性の欠如という観念では、説明できないものである。

　無理があるとはどのようなことか。こう考えを進めていくのにあたって、建築家であり都市の理論家でもあるクリストファー・アレグザンダーが一九六五年に発表した「都市はツリーではない」で提示した主張を検討してみたい。[9] アレグザンダーは、この論文に先立ってすでに近代的な建築に対する批判を試み、実際に人が生活している現場に根ざした都市建築のデザインの方法を、コンピューターを駆使することで発案しようと試みてきたが[10]、「都市はツリーではない」は、こういった模索からの理論化の成果として位置づけられるだろう。そこでアレグザンダーは、「人工都市には本質的な構成要素が欠落している」[11]と述べている。アレグザンダーによれば、人工都市とは、計画的につくりだされた都市のことであるが、この計画性ゆえに、都市にあるべき本質的な構成要素が不在になる。アレグザンダーの主張が正しいとしたら、ニュータウンが普通ではないことの理由は、都市が持つべき本質を欠いていることにあると考えることができるだろう。

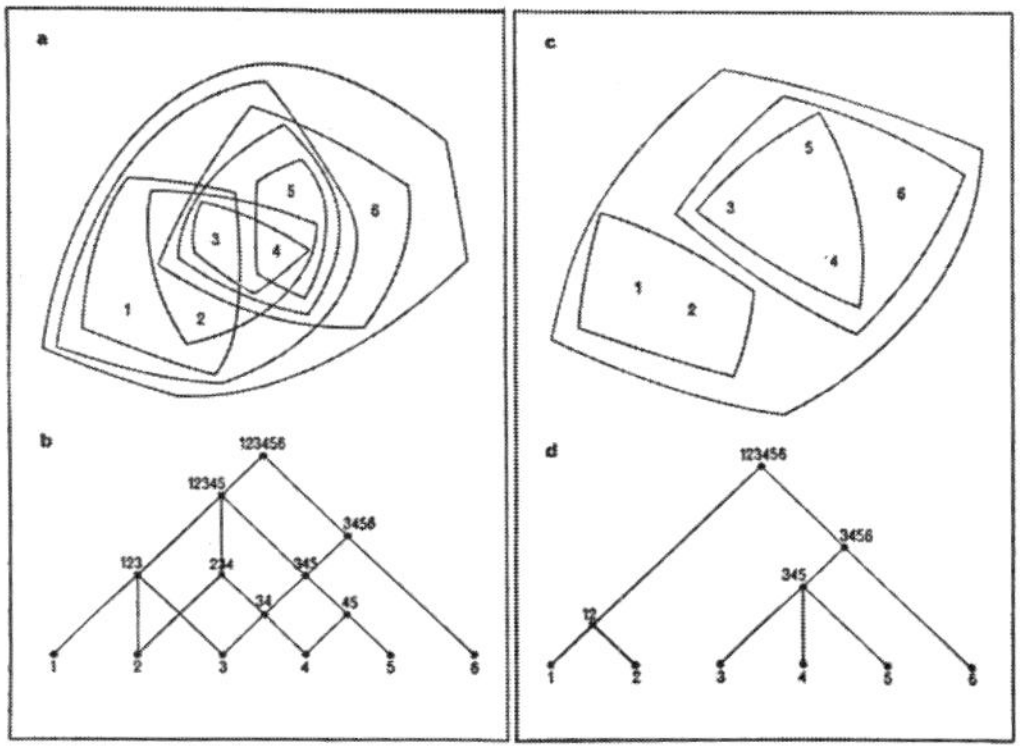

ツリーとセミ・ラティス、「都市はツリーではない」より

　アレグザンダーは、人工都市に共通のものを、抽象的な秩序の水準で把握する。部屋と部屋、住居と住居、団地と団地、

近隣住区と近隣住区、都市とその外部というように、人工都市には構成要素が切断され分断された状態で寄せ集められるという秩序パターン（ツリー＝樹木状）が現われているということを論じた。そしてアレグザンダーは、ツリーとしての人工都市には、決定的に何かが欠落しているというのだが、それが何かを明確に述べず、本来の都市は重なり合いに満ちているセミ・ラティス構造であるべきであると述べることで、この欠落が何であるかを示唆しようとする。アレグザンダーの図式においては、本来の都市は、京都やリヴァプールやマンハッタンなどの自然生長的に形成された都市であり、人工都市はこの自然都市と対置されるという関係にある。そしてこの対置により、人工都市に欠落しているものが何であるかを示唆するというのが、アレグザンダーの論法である。

人工都市に何かが欠落しているという洞察を、完全に否定することはできない。一九七三年に発生したトイレットペーパーの買い占め騒動が人工都市の典型であり日本における原型ともいえる千里ニュータウンのスーパーマーケットを起点に始まったというのは有名な話だが、この出来事は、人工都市には本当に何かが欠落していると思わせる出来事であったといえないか。松山巌は述べている。「東京をはじめ都市圏に人口が集中し、農地や工場跡地を蚕食して大規模団地が出現する。生産や加工の現場が見えぬ空間のなかで、事実は噂にすり替わり、モノ不足の危機感のみが拡大する」[12]。人工都市は、生産や加工の現場から切断されているというだけでなく、そこに住む人たちに根づきの根拠を実感させる何ものか（伝承、習俗、風土性）からも切断された空間である。自然都市であれ、農村であれ、時間をかけてつくりだされた居住地には自然生長的に形成されてきたはずのものが、人工都市には不在である。

アレグザンダーは、この不在が、自然都市にそなわっている都市的なものの本質を人工都市に移植することで解決できるとは考えない。人工都市が自然都市とは異質のものとして存在するということは不可逆的な現実であって、そのこと自体はどうしようもない。必要なのは、秩序の水準において、ツリー化というパターンとは異質のモデルを考えることであり、このモデルに即して、新しい都市をつくりだそうとすることである。

自然の馴致

現在において、アレグザンダーの問題提起は、なおも重要である。だが、この問題が、アレグザンダーが提示した図式では把握するのが難しいものであるということも、わかるようになってきた。そもそもが、人工都市が何かを欠落させているというとき、それはただ、ツリー状という抽象的な秩序の水準にかかわるものなのか。

それは、伝承や習俗という、人間が生活するということの条件、つまりは生活形式にかかわるものでもあるといえるのではないか。つまり、ニュータウンでの生活では、伝統や習俗を共有しない人たちが集まるところにおける新しい習慣の形成が必要とされる。さらに、人工都市は、農地や工場跡地といった自然を蚕食するものとして建造されている。このことは、「人工」という言葉の意味の多義性を問わねばならないことを示唆している。アレグザンダーは、人工を、自然生長性と対置されるものと意味づけしている。つまり、人為性であり、作為性である。しかしながら、人工都市は、農地だけでなく、里山や丘陵を造成するということの産物でもある。人工都市の人為性は、自然生長性と対置されるというだけでなく、そこにはさらに、自然を改変するという意味も含まれているということに、意識的になることが求められている。

人間が自然を改変すること。それは、産業革命から第二次世界大戦後の高度経済成長期にかけて、惑星規模で大々的に起こるようになった現象である。人新世（Anthropocene）といわれる地質学的な状況を私たちは生きるようになっているのだが、このことが私たちの心身に及ぼす影響を真剣に考え直すことが、近年の人文学では新しい課題として浮上している。[13] モートンは、「この時代においては、人間ならぬものが人間と決定的な接触を行なうようになる」と述べ、そのことゆえに、「歴史を、ただ人間にかかわるものとしてだけ思考することができなくなる」と述べている。[14] そうなってくると、私たちをとりまく世界というものが、じつは私たちの思考や内面性といったものとは無縁で、勝手に動き回る、予測しえないものの集合体で、それに固有の歴史性があるということになりそうだが、この状況を意識化すると、人工都市の捉え方もまた、違うものになるのではないか。

つまり、私たちをとりまく世界にそなわる外在性、非人間性の度合いを弱め、環境世界を人間の意のままにすべく馴致したことの帰結として、人工都市を考えることが可能になる。環境世界の人間化である。そこでは、事物にそなわる奇怪で予期しえない影響が、あらかじめとりのぞかれている。ただし、予期しえないものの除去、馴致が、本当に可能かどうかはわからない。それでも、少なくともここに住んでいる人たちは、馴致が可能であると信じているし、私たちをとりまく世界がそもそも奇怪で、手なづけられないものであるということに、無自覚になっている。

瞑想と絡まり合い

ニュータウンでは、個々の住宅内で営まれている私生活が、重視されている。基本機能が備わっていて利便性が保たれていても、人と人が出会う場や意思疎通を行なうといった私的ならざる公共的な生活のための場が乏しい。他人との関係もまた、予測しえないもの、手なづけえないものであるといえるが、それでも、他人との関係をも可能なかぎり手なづけ、予期可能なものにして制御するということが、ニュータウンでの生活形式を支えている。

じつはこの予期困難なものの縮減の効果は、ただ人間に及ぶというだけでなく、ニュータウンが建設される場となった自然にも、及んでいる。ニュータウンに住んでいると、自然なるものは存在せず、すべてが人工物ではないかという錯覚にとらわれてしまう。だが、それはつまるところ、ニュータウンに慣れてしまうとそのように信じてしまうというだけのことで、ニュータウンをとりまく山、そこを流れる川、空に浮かぶ雲、陽光、少し離れたところにある田んぼや畑といったものが存在しているのであり、そのかぎりでは、ニュータウンの人工性はあくまでも局所的なもので、それが自然との連関のなかにあるということは、少し冷静に考えてみればすぐにでもわかることである。

モートンは、瞑想（meditation）が大切であると述べている。瞑想は、「私たちの概念的な硬直性を解きほぐし、絡まり合い（mesh）の開放性を探求していくことを意味する」[15]。ニュータウンは、人工物として自足しているようにみえるかもしれないが、この自足性に対応する私たちの概念枠をまずは解体する必要がある。そのことで、ニュータウンを、それをとりまく自然世界との相互連関のなかに置き直してみるならば、ニュータウンについて別の見方ができるだろう。ニュータウンは、もう新しい街ではない。老朽化し、空家化も起きている。そこは、人工物としての自足性が綻びている部分として捉えることができるのではないか。ニュータウンを新たなものにしていくことの拠点は、この綻びにあるのではないか。そこは、ニュータウンという人工世界へと自然を招き入れる場であり、人間と自然の関係の新しい結び直しを実験する場となるのではないか。

もちろん、このことのためには、厳密な思考が必要である。アレグザンダーのいう自然都市は、自然生長性という意味での、自生的秩序に根ざすものであった。だが、その自然都市もまた結局は都市であり、自然なるものとは切断された状態にある。現在は、アレグザンダーのいう自然都市とは別の意味での自然都市の構想が求められている。そのためにも、私たちをとりまく世界への感度を高めつつ、そこから距離をおいて瞑想し、人工物と自然との相互連関、さらにはそこにかかわってくる人間や動植物のあり方を、時間をかけて感覚し、そして洞察し、この相互連関にふさわしい生活形式がどのようなものかを考え、言語化していく必要がある。

第二章　ニュータウンと自然

ニュータウンは、山林を切り崩し、宅地造成していく過程で現れた。ゆえに、木々や草原が、そのまま残されている。木は木である。そして花もあり、虫もいる。小川もある。つまりニュータウンは、人工的な都市ではあるが、自然との接点において成り立つ都市でもあった。ゆえに、ニュータウンで自然を考えるとき、自然が完全に失われてしまったと考えるのは正しくない。じつは自然はいたるところにあるのだが、それでもニュータウンにいると、自然を感じることができない。なぜだろうか。

黒川紀章のニュータウン　湘南ライフタウン

ハンス・ウルリッヒ・オブリストの指摘にもあるように、自然へと関心を向けていた建築家の一人が、黒川紀章であった。「自然の楽園と人工の楽園の一体化」というイメージが、黒川の内部にあった(16)。黒川は、一九三四年生まれ。丹下健三のもとで「東京計画一九六〇」の構想に従事し、その後メタボリズムグループの一員として前衛的な建築（たとえば、中銀カプセルタワービル）を次々に披露し、大阪万博に深く関与した建築家として知られている。そうしてみると黒川は都市にしか関心がなかったように思われるが、じつはそうではなかった。

ところで黒川は、ニュータウンの建設にかかわっている。愛知県の菱野ニュータウンと、神奈川県の湘南ライフタウンである。

湘南ライフタウンは、藤沢市の西側に位置するが、その範囲は、隣の茅ヶ崎市にも及んでいる。そして、辻堂駅と湘南台駅のあいだに位置する。南部の住人の多くは、辻堂駅を利用している。駅までは、バスでおよそ一五分から二〇分。ニュータウンの外へと出るには、ニュータウンを南北に貫く幹線道路沿いにならぶバス停まで徒歩で歩き、そこからバスで駅まで行けばよい。辻堂駅は横浜駅までおよそ三〇分。東京までは一時間である。そのため、首都圏で働く人のベッドタウンとして機能していたのだろう。ニュータウンの北部に位置する湘南台駅は、かつては小田急江ノ島線だけの駅であったが、一九九九年の横浜市営地下鉄の延伸にともない、横浜方面と開かれていく。

湘南ライフタウンは、複数の街区からなる、計画された都市である。幹線道路を中心にして、街区が配置されている。街区は、団地の集合体と、戸建住宅の集合体である。街区内には公園があり、街路がある。街区と街区もまた、街路で連結されている。移動は主として歩行だが、自転車を利用する人も多い。歩車分離が徹底されている。ニュータウン内は、機能的で安全であり、暮らすのに便利である。学校も幼稚園も複数あり、商業施設も医療施設もある。

ただし、多くのニュータウンと同じく、湘南ライフタウンもまた、外の世界から隔絶された閉ざされた世界である。南端は山で区切られ（辻堂駅からの幹線道路は途中でトンネルをくぐることになる）、また東側には川があり、周辺には田んぼがあり、そして西側にも丘陵が広がり、森がある。そのためか、ニュータウンの内側は静かで、虫も多く、鳥も多い。野鳥の集うことで有名な遊水地もある。湘南ライフタウンも、もとはといえば山村であった。

本地域は、藤沢市の西北部、中心部から四㎞、ＪＲ辻堂駅から二㎞に位置した相模原台地の南端に属したゆるやかな起伏に富んだ小丘大地で、東端を県道藤沢厚木線、西に県道藤沢寒川線が通り、その中に田、畑、山林が広がり、農家を中心とした宅地が点在する自然環境に恵まれた地域でした。(17)

ところが、一九五五年から六五年にかけて、周辺地域の開発が進行していく。藤沢市は、この事態に対し、「無秩序な開発を防ぎ、豊かな自然環境を生かした総合的な計画にもとづいた『都市と農村の調和する立体的な街づくり』」という理念を提示し、ニュータウン建設を決定する。そこで依頼をうけたのが、黒川紀章であった。設計は一九六七年に行なわれた。

黒川紀章の思想と方法　共生と原型

黒川は、『都市デザイン』や『行動建築論』といった著作で定式化しつつあった「共生」の思想をベースに、農村コミュニティを残して農地を保全しつつそこに新しいニュータウンを組み合わせるという方法と、里山の自然な地形を平らに造成せずに可能なかぎりそのまま残してニュータウンの土台にしていくという方法を定式化し、農村と都市の共生という理念を具体化しようと試みた。

菱野ニュータウンの設計依頼と湘南ライフタウンの設計依頼は『都市デザイン』の刊行（一九六五年）がきっかけであったと黒川は述べている。彼がいうには、いずれの依頼も一九六〇年代の終り頃のことである。高度経済成長の時代で、希望をもって未来の像を思い描くことのできた時代であった。それは、「新しい時代に向けて日本全体が挑戦する精神に満ちあふれていた頃のこと」であり、「知事や市長にも強いリーダーシップがあった」[18]。なお黒川は、「私にとって、愛知県の菱野ニュータウン、湘南ライフタウンという二つの実験的な町づくりを若い頃に経験できたことが、その後の都市計画の仕事に重要な意味を持った」と回顧している[19]。

黒川の思考の根幹には、「共生」の思想がある。都市と自然、公と私、機械と人間、自動車と歩行者というように、異質な二つの領域を媒介によってつなぎ、共生させるという考えである。その共生は、何により可能になるのか。黒川は、それを「原型」という言葉で説明する。

「原型」は「かたち」をもたない、目にみえないものである……「原型」をもつかぎり、多様な個々の単位はばらばらな集合体とは異なり、群体としてのつながりをもつのである[20]。

とするならば、湘南ライフタウンにも、この「原型」が想定されていると考えられよう。都市と農村、都市と自然、団地と芝生、住居と住居が、原型を介して連関し、一つのまとまりを成していくということが、想定されていたのだろう。

湘南ライフタウンの幼年時代

湘南ライフタウンで幼年時代を過ごした子どもが目にしたのは、団地の群であった。団地を構成要素とする街区は、車道で囲いこまれている。その内部には自動車は入ることができなくて、団地、芝生、公園があり、そして歩道があった。子どもたちは、街区のなかで、芝生や公園で遊ぶのであるが、歩道もまた、遊びの空間であった。

山上に並び立つニュータウン、湘南ライフタウンにて撮影

街区は複数である。その各々は、一応は独立の街区であっても、街区相互は切り離されず、複数の歩道で接続されているために、街区の違う子どもであっても、一緒に遊ぶことができた。たしかに、街区は閉じたものではなく、開かれていて、区別されつつ連関するという関係にあったし、また、ニュータウンの真ん中を突っ切る道路が、最寄り駅である辻堂駅への接続経路となっていたため、街そのものが自閉するということもなかった。

　そして団地の群は、山の上に建てられていた。山のふもとには農家があり、野菜を育てていた。そういえば、ある農家には怖い巨大な犬がいて、子どもたちは、その怖い犬みたさにその家の近くまで行き、吠えられるのを楽しんでいた。それはともかく、団地の群は、たしかに自然のさなかにあった。黒川は、「この地域に残っていた里山と森、そして樹木をできるだけ残そう」としたと述べている。宅地開発のために里山を残すという発想は当時なかったらしく、ゆえに画期的な考え方だったらしい。たしかに、湘南ライフタウンは、ニュータウンであるのにも拘らず、丘や樹林がそこかしこに存在している。

　とはいえ、団地の領域は、木の生い茂る山の領域とは、完全に区別されていた。その間には鉄柵があった。その間の相互的な物質循環は、想定されていない。それでももちろん子どもたちはそうした鉄柵を乗り越えて山の領域に入り込み、山道を探検するのであったが、その反対はなかった。つまり、山の領域が団地の領域にむけて進入するということはなかった。

だが、こうして引かれる境界線は、区別し、異質な領域の違いを認め合うというだけのものであったのか。

二つの境界　共生と混淆

黒川のニュータウンでは、たしかに、様々な要素が区別されつつ連関している。また、たとえば農村や山のように、異質な領域は、その異質さが尊重されるというようにして、保全されている。区別し、尊重するということ。それだけをみるならば、黒川のニュータウンは、共生の空間であったということもできるかもしれない。

ベトナム生まれで後に米国に移住した著述家であり映像作家でもあるトリン・T・ミンハは、自然と文化の境界にかかわる一つの傾向について、一九九六年に刊行された文章のなかで次のように述べる。それは、「自然を文化と対立させる」という傾向であり、「拡張のイデオロギーの根幹にある、封じ込め――そして――征服し、奪い――そして――取り上げるというシステムの熾烈を極める論理のなかで自然を女性化し、原始のものにしてしまう」という傾向である[21]。つまり自然は、たんに文化と区別されるというだけでない。文化と対立するものとして把握されるが、この対立はかならずしも文化が自然を完全に消滅させることを意味しない。むしろここでは、自然は生きている。ただし、文化の側から封じ込められ、剝奪されるというありかたで、生かされている。この状態をトリンは、自然の女性化と原始化と捉える。つまり自然が無垢のもの、穢れなきもの、聖なるものとして崇められているのだが、トリンは、この聖別化が、拡張と剝奪という仮借ない論理を隠蔽するものとなっていることを見抜く。

女と男、自然と都市、非西洋と西洋というように、異質とされる領域について「境界」という観点から独自の考察を進めてきたトリンだからこそこう見抜くことができるのだろう。ところで、トリンは黒川の建築思想を高く評価している。トリンによれば、黒川は日本の文化を灰色の文化と把握した。灰色とは、様々な色彩が衝突し、中和し合っていくところに生じる色のことである。そして黒川は、灰色の空間を、「内部と外部のあいだへと干渉してくる領域」、「内と外が交錯する領域」と捉えたとトリンは述べているのだが、この感覚にトリンは、おそらくは共感している。(22)

だが既に述べたように、黒川は、二つの領域をまずは切断されたものと捉え、それらが交じり合う運動性を付随的なものとして捉えている。これに対してトリンは、二つの領域が形成されていくところに生じる運動性に着目している。つまり、一方が他方を抑えつけ、馴致していく運動性である。トリンのいう境界は、抑圧と馴致という形式が成り立つことに先立つ、混淆的な場であり、空間である。黒川がいう共生は、混淆性を脱したところにおいて既に成り立つ異質な空間を異質なままで重ね合わせ、交流させせようとするものである。こうしてみると、トリンと黒川の思考はじつは違っているのではないかと思われてくる。

自然を招き入れること。それはたんなる共生を意味しない。たとえ都市から区別され、異質なものとして保全されていても、封じ込めと剝奪の対象となっているのであれば、自然は不活性状態にある。自然を都市へと招き入れるということは、無垢なものとして聖別化されつつ剝奪されている状態にある自然の不活性状態からの解放を意味することになるだろう。

第三章　人工・超都市・集団性

本書は、ニュータウンとはなにかと問うだけでなく、ニュータウンがこれからどうなるのかを考えることをつうじて、ありうべき生活様式のあり方を見通すことを目的とする。ただし、人工都市であるニュータウンを非人間的で疎外された生活空間という前提のもとで全面的に否定するというような論法は用いない。人間と自然の調和の恢復や、分断された空間における全体性の恢復といった標語はたしかに魅力的だが、ニュータウンが建造されてすでに半世紀が過ぎようとしている現在においては、もはや説得力がない。自然や全体性を欠落させた状態であっても、人はそこで生きてきたし、今もなお生きている。

ニュータウンにかんする概念枠　近代化・前近代の破壊・古いものの喪失

ニュータウンにかんしては、定型となった概念枠が存在している。それは、人工都市であるニュータウンは自然を欠落させている、地縁・血縁・伝統を欠落させている、機能性と利便性が重視されているため人と人とのつながりが希薄であるといった概念枠である。この概念枠は、ニュータウンがまだ新しく、それが現れてくることに多くの人が戸惑い、のみならず抵抗感も根強かった時代に対応するものであった。[23]

そのとき、人びとはおそらく、次の二者択一に直面した。一つは、ニュータウンを近代化の象徴として受けいれ、そこに住み、新しい生活を開始すること。もう一つは、ニュータウンを農村や里山の破壊要因とみなして批判し、古き良き日本の生活習慣を守り、そこに依拠した生活を営むこと。この二者択一は、じつは一つの図式を共有している。ニュータウンは近代化である↓近代化は前近代的な生活様式と生活空間を破壊する↓古いものが失われていく、という図式である。近代化を肯定する立場からすると、ニュータウンは、前近代的な習俗やしがらみから自由になり、新しい生活様式を身につけていくための空間であるということになろうし、逆に近代化に抵抗する立場からすると、ニュータウンは、伝統的な生活様式を崩壊させ、人びとの生活形式を根無し草的で人間味のないものへとつくりかえていく空間であるということになろう。この図式は、いまだに流通している。

取り壊されるのを待つ状態で放置された団地群、都営高砂団地にて撮影

まず考えてみたいのは、はたしてこれらの図式だけで、ニュータウンの現実を徹底的に経験できているのか、思考できているのか、ということである。

ニュータウンが建設され人びとが住むようになって、およそ半世紀が経とうとしている。ニュータウンはもう、新しくない。時間の経過にともなって、そこは古くなり、日常の一部となった。それにともない、今度は新しい問題が浮上してきた。鈴木毅は、千里ニュータウンについて述べている。「最大の問題は老朽化や社会の変化に対応する住環境更新の仕組み（主体、手続き、技術）が十分準備されていなかったことであろう。このことは建設以上にエネルギーが必要な集合住宅建替えや、高齢社会へ対応した近隣センター整備など、住環境再構築の時期を迎えた今、深刻な問題として浮かび上がっている(24)」。

老朽化、建替え、近隣センターの整備、更新といったことが、現実の課題として問われている。それはつまり、ニュータウンという人工都市とそれをとりまく状況がかつてとは変わってしまったことをまずは認めなくてはならない、ということである。ではいったい、何が変わったのか。それを問うこともまた、本書の課題の一つである。新しい生活様式の母胎といったニュータウン像は、いまでは懐古趣味の対象でしかない。そして、根無し草化、均質化、非人間的、無機質、没場所性といった概念はそのままでは使えない。この思考習慣自体を更新しなくてはならない。そのための予備的な作業として、モートンのエコロジー思考と磯崎新の「超都市」をめぐる思考について検討し、現在、ニュータウンをめぐる状況がどうなっているかを考えてみたい。

人工化と崩壊可能性

モートンが提唱するエコロジー思考は、自然環境の悪化を問題化し、その保護ないしは保全を主張するものではない。彼は、環境の概念を、私たちをとりまき生存の支えとなっている何ものかとして考えようとする。つまり環境問題は、人間がみずからの手でつくりだした環境（人工環境）にかかわる諸問題でもある。モートンは、環境は、私たちがこれまで自然と呼んできたものではなくなっていると考えている。「私たちの足の下の地面は、水と空気ともども、永遠に変化してしまった」[25]。モートンは、自然と人為が区別されるが切り離されない状態にあって一つの過程を成すものとして、環境を捉え直そうとしている。

人工環境は、私たちがそこに生きていて、私たちの生を支える現実の環境である。それは、人工物の集積と連関において成り立っている。そこを生きるとは、人工物へと連関され、接続されていく、ということだ。モートンはいう。「私たちは、ますます稠密になりグローバルになっていく、相互連結している機械状の構造の巨大なネットワークに住みついている」[26]。機械状ネットワークとしての環境とは、道路であり、自動車であり、オートバイであり、鉄道網であり、携帯電話網であり、光ファイバー網である。このネットワークを生きることは、私たちの身体が他なるものへと開かれ、接続されていくことを意味する。それらは、自然に根ざした伝統的なコミュニティの制約を超え、連結の機会を人工的に拡張していく機械状の環境である。

人工と自然の不可分性は、人工環境が人間の居住地として、それ自体で自己完結したものとして成立するということの果てに、逆説的に起こる事態である。人工環境が、自然から切断されて自己完結したことの果てに、それ自体、あたかも自然と変わりのない環境（いわば、第二の自然）と化してしまう、ということである。

人工化が徹底された空間を生きる過程で、私たちはいつしか、新しい人間性を獲得するようになっていたと考えることもできるかもしれない。ただし、エルネスト・ブロッホが「技術者の不安」という文章のなかで述べているように、「自然の欠如」を特質とする人工都市は、その技術的な精巧さ、複雑さゆえに、傷つきやすさと脆さを抱え込むことになる[27]。ニュータウンで生きていると、そこは自己完結した人工世界で、伝統や自然といった前近代的なものを想起させるものとは無縁で、本当に新しい生活が自動的に形成されてくるかのような幻想にとらわれてしまうのだが、これが幻想であることに気づくことのない人たちは、そこが崩壊可能性と表裏一体であることにも、無自覚である。

超都市と放擲、静寂と作品化

　私たちは、どのようなところを生きるようになっているのか。磯崎新は、二〇一一年の論考である「建築＝都市＝国家・合体装置」で、現代を、「超都市」（ハイパー・ヴィレッジ）の時代と把握する。[28] 戦後日本では、一貫して都市化が推進されてきた。一九四五年から七〇年にかけては国家の計画のもとで、七〇年から現代にかけては資本のもとで、都市化が推進されてきた。国家主導の計画は、ニュータウンに典型的な生活空間の近代化を推進したが、資本のもとでは投機が生活空間のスプロール化を引き起こしていく。

　そして磯崎がいうには、九五年に決定的に新しい移行が起こり、現代は、その移行以後の状況が進行している。大震災、地下鉄サリン事件、情報ネットワーク、バブル崩壊後の迷走がなおも続くという状況以後が、現代である。超都市とは、都市が世界を覆い尽くすということだろうか。私たちは、九五年以後の都市化がどのようなものであるかを洞察せねばならない。それも、計画や投機とは異なる事態として、提示することが要請されている。[29]

　たしかに、モールや高級住宅地は、なおも建造されている。人工環境は、なおも精度を高めている。だがそれは、あくまでも局所的な事態でしかない。日本においては、それは東京や大阪や博多といった大都市のターミナル駅近郊や、あるいは、都市中心部から離れた、高速道路沿いに建造されたモールやセキュリティ完備の住宅地といった形で建造されている。それらは、外との関わりを絶ち、自足性の度合いを高めたものとして建造されている。

この状況において、どう考えたらいいのか。磯崎は、現代を、「批判的であることによって対処できた時代」とは異なるものと位置づける。(30) つまり、近代に反対し、大規模開発に反対するといった立場から思考し、実践するというのでは捉えられない状況を私たちは生きるようになっている、ということである。そうであるならば、ただ批判するだけでなく、現状が向かおうとする先を見定め、そこで起こりうる事態を予想していくことが求められるのではないか。つまり、今はまだ潜在的だが、いずれ全面化する事態の萌芽を現状のなかで感覚し、そこに言葉を与えていくことである。

都市の消し跡、大牟田駅前にて撮影

その手がかりの一つが、意図せざる副産物である。開発は、不可避的に、その副産物を生み出していく。モートンは、レム・コールハースの「ジャンクスペース」を引用し、こう述べる。空間は、資本主義の発展のもとでただ生産されるというだけでなく、放擲されていくことになる。つまり、さらなる発展のためには、資本は開発された空間をそのまま維持するのではなく、新たに別の空間へと向かわなくてはならない。その過程で、かつて生産された空間は、見捨てられ、放擲される。「資本の働きの前と後には、悲惨と抑圧の痕跡を特質とする、興味をそそる静寂と欠如が存続することになる」と

モートンはいう。(31)

都市を、この静寂、欠如を抱え込む都市として考えることが求められている。「消し跡と静寂」の漂う空間。この静寂は、資本主義的な生産のもとでの機械化ないしは自動化の停止において現れる。これは、自然の静寂（つまりは山奥の静寂といったこと）とはまったく異なるものとして、考えておくべきだろう。モートンは、この静寂を捉えることの手がかりとして、「アンビエント」という概念を提示している。アンビエントなものは、たとえばブライアン・イーノのアンビエント・ミュージックなど、ある局所的な場において感じとられる質感を表現した作品（作品ももちろん人工物である）をつうじて感覚されるもののことである。これらの作品は、「とりまく環境、ないしは世界の感触を、呼び覚ます(32)」。

そこは、芸術作品の出現の現場のようなものとして、考えることができる。モートンがいうには、それは作品そのものというよりは、「ページの余白、まっさらな画布、ギャラリーの空間、音楽の周囲とその内にある沈黙（あるいは静寂、より適切にいうとノイズ）」である。作品が出現し、成立することの条件となる場は空白であるが、この空白こそが、作品にそなわる質感（ambience）を生じさせ、感じることを可能にする(33)。このことに自覚的なのが、現代アートである。それは、「私たちが絵を見るときに往々にして見過ごしているものを喚起させる。それをとりまくフレーム、ギャラリーの空間そのもの、アートの制度といったものを(34)」。こうしてみると、とりまくものの質感は、作品化するという営みにおいて、作品が成り立つ場に備わるものとして生じてくると、考えることができるかもしれない。そうであるなら、モートンのいうエコロジー的なものは、作品化、つまりはフィクショナルなものの働きとの関連で、考えるべきものであるということになる。そこには、文学、映画、絵画、建築、写真など、さまざまな作品化の営みが、含まれるだろう。私たちは、作品を読み、聴き、観ることをつうじて、それが形成されることの条件となる世界の現実性を感じとる。

脆さと集団性

超都市の時代を生きるとはどういうことか。見捨てられた静寂の漂う空間が拡張していく状況における生とは、どのようなものか。

それがどのようなものかは、現実においては、断片的で局所的な表現となって現れている。郊外であれ、都心であれ、集合住宅の密室で、隣人には気づかれることなくひそかに育児が放棄され、あるいは、貧困者が餓死するというのは、現代的な事態である。密室、孤立、暴力、死といった出来事をめぐる報道は、円滑に作動しているはずのこの環境が、見放され作動を停止した局所的な部分空間を潜在的に含み込むようになっていることを、露わにする。見放された空間で生きるといった事態が、身近な人にすら知覚されず関心を持たれることもない隠された空隙のようなものとして現実に起こっていることを、露わにする。

そこは、超都市が抱え込む、脆さ、壊れやすさが、局所的に現れてしまったところと捉えることもできるだろう。この脆さ、壊れやすさにふさわしい生活環境の構想が、おそらくは要請されている。モートンはいう。「私たちは、共同体ではなく、集合性（collectivity）を必要としている。もしもこの集合性が何かより広大なものの部分であるということを意味しないとすれば、それは、弱さ、脆さ、不完全であることの集合性であるはずだ[35]」。

モートンのいうエコロジー的集合性は、密室、孤立という問題に対して共同体を解決として提示するという構図とは、区別される。密室で孤立しているがゆえの弱さ、脆さは、そこにとどまり、内向し、内省すべき拠点でもある。私たちは、弱さ、脆さにおいて、絡まり合っている。この弱さにおける絡まり合いは、閉じた全体性へと絡めとられるものではない。共同体へと包摂され、その一部分になるのではなく、弱く、そして不完全であることを受け入れ、そのうえで、絡まり合いの密度を高めていくということが、求められている。ただしそれは、閉ざされたものを開いてつなぐということとも違う。脆さ、綻びを、密室のままに放置するのではないが、だからといって、外からこの閉ざされた状態をこじ開け、外部へとつないでいくというのでもない。脆さは、脆さのままに、つまりは、強さを強いずにそのままにして、それでいて、絡まり合いから放置されてしまうことのないよう働きかけ気遣う術が求められており、さらには、そうした絡まり合いが生じ、保たれていることのできる場をつくりだすことが求められている。

閉塞と錯綜

ニュータウンは、人間がつくりだした人工物である。人工的な世界である。そしてニュータウンには、複数の私的な空間が、含みこまれている。私室を複数含み持つ住宅があり、この住宅が、団地へと構成される。団地の集合体は近隣地区を形成し、近隣地区の集合体がニュータウンという一つの世界を形成していく。人々が、私的に占める場所はある。私室、マンション、戸建住宅は、複数の私が身を定め、自分の生活を営むための空間である。その各々は、シリンダー錠で施錠され、自己完結している。つまり密室である。複数の密室が、相互的な連関を欠いた状態で、集まっている。この状態において、公的領域という意味での世界は、ありうるのか。ニュータウンには街路があり、公園があり、公民館がある。ゆえに、公的領域は現れうると考えることが可能である。それでも、それらはあくまでも、公的な施設である。公的世界を欠いた、物的施設の集積である。

トリン・T・ミンハは述べている。「世界は、その物質性の状態——身体的で性愛的で、そ、し、て、住処とするには適さない——において、イメージと言葉と音楽と沈黙の投影された間隙(interval)のさなかにつくりだされる(36)」。

トリンも世界をつくりだされるものとして捉える。ただし、その特質は、イメージと言葉と音楽と沈黙という、聴きだされ、想像されることではじめて存在することになるような、感性的な領域に属する。そして、世界は、イメージや音楽そのものというよりはむしろ、イメージや音楽として発された何ものかがあることによって感覚されるようになる余白として、つくりだされる。さらにトリンは、世界について、住処とするには適さないものと捉える。住処にするとはつまり、私的ないしは排他的に自己のものとして領有するということである。このような私的領有、占有に、世界はそもそもなじまない。

私的ないしは排他的な空間の集合体であるニュータウンは、イメージと言葉と音楽が漂い交錯していく世界の錯綜性のなかに異物として投入されたと考えることができるだろう。つまり、世界の錯綜性とは質を異にする特性が、ニュータウンにある。効率的で機能的で自己完結した空間を構築すること。これは、世界の錯綜性を整序し、消去していくことである。

ニュータウンは、世界の錯綜性の只中において、この錯綜性を整序し除去していくことをつうじて成立した。そう考えるならば、ニュータウンは、世界の一部でありながら世界の異物でもあるというありかたで、存在するものということになろう。ニュータウンの大量建設は、この異物性そのものの拡張を意味した。出現した当初は異物と感じられても、大量に建設され、拡張されていくならば、人はその光景に慣れ、普通のものと考えるようになる。だが、その拡張が停滞し、居住人口が減少し、放擲されることに伴い、ニュータウンの異物性の真実が、次第に露わになっていく。

だがたとえニュータウンが異物だとしても、その存在を否定することはできない。ニュータウンは、事物として存在している。ゆえに、ニュータウンの異物性を考えるにあたっては、本来あるべき都市の理想像を参照し、その没理想性を問題化するのではなく、世界において異物として現実に実在しているということ、世界の錯綜性を抹消し、整序する事物として存在するということに着目することが求められる。

ニュータウンが、不完全な都市空間であるのは確かである。ただし、その不完全性を乗り越えるためには、ただそのツリー状の空間形状を操作したり、そのなかに集まりと出会いの空間をつくりだそうとするのでは不十分である。求められるのは、ニュータウンという異物性を、世界の錯綜性の側へと向けて崩し、分解することである。つまり、ニュータウンのなかで営まれている生活を世界の錯綜性へと開き、かつ、世界の錯綜性を、ニュータウンのなかへと招き入れていくことである。

第二部

第一章　人工都市の空間

都市を歩くとき、私たちは、その都市に特有の何かを感じとる。私たちはそれを、現実に存在するものとして感じるが、それでも、客観的な事物として、目にしたり、手で触ることはできない。つまり、都市において、都市のなかで私たちが感じ、捉えるものは、客観的に認識できる事実だけではなく、私たちがただ感じ、そして存在していると考えるよりほかないものである。ニューヨーク在住の小説家であるテユ・コールは、それを「都市性（citiness）」と概念化する。[1] 都市性を、どのようなものとして描いたらいいのか。おそらくは、空間的な形象として描き出すことができるだろう。つまり、人間活動と都市空間という、異質だが切り離すことのできない二つの要素でつくりだされる形象である。

それでは、空間とはなにか、空間と生きる営みとの関係はどのようなものか。

アンリ・ルフェーブルが述べているように、空間は普通、幾何学的な概念として捉えられる。[2] つまり、何かがそこを充たすのを待つ、空虚であり、無である。これに対してルフェーブルは、社会空間という概念を提唱した。つまり、人間の活動をとりまき、その支えとなる空間である。社会空間において、人間社会が成り立つと、ルフェーブルは考えた。つまり空間は、空虚ではない。それは何よりもまず、身体がそこを動いているということを意味する。身体が動くとはつまり、匂い、音、声、ふるまいが生じてくるということであり、それらが、空間を満たしていくということである。
ではいったい、このような空間は、ニュータウンではどうなっているのか。

風景の不在、空間の実在

ニュータウンの空間についての考察を進めるうえでは、アレグザンダーの論文「都市はツリーではない」が出発点となる。この論文は、人間の営みにおいて、都市空間のあり方が重要であることを論じたものである。

カトマンズ、テユ・コール撮影

長い年月にわたりともかく自然にできあがった都市を「自然都市」、またデザイナーやプランナーによって周到に計画された都市やその一部を「人工都市」と呼ぶとすると、シエナ、リバプール、京都、マンハッタンは自然都市で、レヴィットタウン、チャンディガール、イギリスにおけるニュータウンは人工都市ということになる。

今では人工都市にはかけがえのない何か本質が欠けているという考え方が定説になりつつある。(3)

アレグザンダーは、人間の生活が営まれるうえで欠かせない何ものかが、人間の内面性や宗教的な価値観といったことだけでなく、都市空間という、現実世界の只中に見いだされるということに、気づいている。アレグザンダーは、人工都市には何か本質的なものが欠乏していると述べることで、人間生活の営みに不可欠なものが何であるかを提示しようとした。時間をかけて形成されてきた都市では、そこに含まれている複数の部分空間が重なり合っているのに対し、人工都市には重なり合いがない。これが人工都市の欠乏の理由であると、アレグザンダーは論じる。

この説明は、誤りではないが、考察が徹底化されているかというと、そうともいえない。人工都市の欠乏を、自然都市との対比において把握しようとする思考図式が、その徹底化を阻んでいる。この図式にしたがうなら、農村や自然都市にそなわっている共同性や伝統といったものが人間の生活がもつべき本来的な本質であるということになり、人工都市の欠落は、この本質を取り戻すことで埋めることができるということになってしまう。

この図式から脱却しなくてはならないが、そのためには、人工都市に特有のことが何であるかを捉え、考えることが求められる。人工都市は、目で見ることができるし、歩くこともできるし、手で触れることもできる。だが、それを決定的に規定する何ものかは、目に見えるとはかぎらないし、耳で聞くことができるともかぎらない。感覚器官の働きだけで素朴に経験されるものではない。だからといって、この何ものかは、自我や精神や意識へと還元されるものとして存在するというのでもない。

目に見える素朴な事実としては捉えることができないが客体性のある空間を捉えるにはどうしたらいいか(4)。そのためには、客観主義的な記述とは異なった言語形式を積極的に駆使することが求められる。坂部恵は、一九九〇年に刊行された『かたり』で、折口信夫の「身毒丸」が、客観主義的な記述とは異なる言語形式として小説の形を使おうとするものであったと述べている(5)。近代科学の実証主義、客観主義に依拠するだけでは捉えがたいものを、小説という言語形式によって言い表すということである。坂部は、折口の実験を、「かたり」という言語形式を試みた点で画期的であったと評価する。「かたり」とは何か。坂部は述べる。客観主義的な記述が受動的な対象記述であるのに対し、「かたり」には、「理想化的抽象（やさらには対象の構成）のはたらき」がある。[6]「かたり」は、受動的に記述されることを待ち受けている客観的な対象への働きかけではない。何もしないでいるならば捉えられないものを、感性や想像力を駆使することで捉え、言語化していく営みである。

人工都市を「かたる」ことに成功した数少ない例の一つが、安部公房の『燃えつきた地図』である。一九六七年に刊行された安部公房のこの小説は、人工都市に特有の感触を、「かたり」の作用で読者に伝える。日本最初のニュータウンである千里ニュータウンの造成が始まったのが一九六二年であることを考えてみると、ここに問題の所在を嗅ぎとった安部の嗅覚は鋭かったといわざるをえない。前田愛も述べているように、その試みは、「風景としての都市をドラスティックに解体させることによって、あたらしい都市の言葉をつくりだそうとする」[7]ものである。つまり、風景という、ともすれば共同体的な思考へと誘いかねない観念なしで都市を思考することである。

のっぺらぼうの空間、千里ニュータウンにて撮影

風景が解体されたあとに残るのは何か。それは、「輪郭をもたないのっぺらぼうの空間」[8]で

ある。風景の不在ではなく、空間がのっぺらぼうになっている状態こそが、人工都市の特質である。ここにおいて、都市の言葉をつくりだそうとしたのが、安部公房の『燃えつきた地図』だった。風景論から空間論への決定的な転回がここで起こった。それでは、空間がのっぺらぼうになっているとはどういうことか。

見れば、けっこう、人通りもあるのだが、あまりにも焦点のはるかなこの風景の中では、人間のほうがかえって、架空の映像のようだ。もっとも、住み馴れてしまえば、立場は逆転してしまうのだろう。風景は、ますますはるかに、ほとんど存在しないほど透明になり、ネガから焼きつけられた画像のように、自分の姿だけが浮かび上る。自分で自分の見分けがつけば、それで沢山なのだ。そっくり同じ人生の整理棚が、何百世帯並んでいようと、いずれ自分の家族たちの肖像画をとりまく、ガラスの額縁にすぎないのだから……(9)

人工都市では、人間の生活が営まれていても、生活の実在性は希薄で、架空のもののように見えてしまう。生活が営まれているということが、たしかなこととして受けとめられない。だが、そこで生活を営んでいる人たちからみると、人工都市の存在感のほうがむしろ希薄で、存在しないかのようである。人間生活は、各々が相互的連関を欠いた状態で団地の住宅のなかで個々別々に断片的に営まれているが、その外に広がる世界は存在しないかのようである。住宅のなかに密閉された生活の私性は確かに実在しているように思われても、それ以外の世界が実在しているのかどうか、確信できない。
人工都市が実在し、そこで生きていた人がいる。にもかかわらず、生活しているということの感覚は乏しく、また、都市が存在していることの実在感も乏しい。このことをどう考えるのか。原風景の喪失や太古の記憶の忘却といった思考図式にとらわれないで考えなくてはならない。そうなると、やはりまずは、この都市がつくりだされたものであり、建設されたものであるということを、意識化しなくてはならない。たとえ生活感が希薄であっても、そこは、つくりだされた世界である。原風景や太古の記憶はなくても、つくりだされたのであって、そのかぎりでは、実在している。生活感、存在感が希薄だが、それでも実在している。このことをまずは受け入れなくてはならない。

片寄俊秀の『実験都市』には、こう書かれている。

一九六〇年代に大阪府北部につくられた千里ニュータウンは、日本最初の大規模ニュータウンである。わずか一〇年の期間に、ほとんど人の住まなかった千里丘陵一帯に、三万七千戸の住宅が建設され、一五万人が定住することになったのである。まさに過去には考えられなかった大計画であり、現代の土木や建築の技術のかがやかしい成果であった。(10)

人工都市は、白地図とみたてられた領域に、科学技術の力によって立ち現れた人工世界である。徹底的に人間化された、人間のための世界、人間が生きていくことを目的としてつくりだされた世界である。にも拘らず、生活感は乏しい。この乏しさをどう考えたらいいのか。何が乏しくなっているのか。

ニュータウンを歩く

子どもと大阪モノレールに乗って遠足をしながら窓外をみていると、千里ニュータウンが見えてくる。

団地の整然とした配列からは、ツリー状の秩序を読み取ることができる。団地と団地は分離され、近隣住区と近隣住区は分離されている。分離された要素が、整然と寄せ集められている。

だが、ニュータウンで歩き、動き、呼吸している身体は、別のことを感じとっている。集合住宅、芝生、植樹、遊具、アスファルト舗装された道、鉄柵、自転車置き場といった要素が、無駄なく集合している状態を、経験している。無駄のなさは、清潔感、機能性、透明性と言い換えることもできるだろう。清潔で機能的で透明な空間を、自己完結した一つの世界として、経験している。そこで圧倒的に存在すると感じられるのが、集合住宅である。集合住宅が等間隔で立ち並ぶあいだに芝生が敷き詰められているというのが、ニュータウン空間の基本である。多数の集合住宅をいかに無駄なく整然と配列するかが、ニュータウン建設における最大の問題だったのではないかと思わせるくらいに、その配置は綿密である。集合住宅とは、団地である。団地の一棟は、四階か五階建で、一つの階に四戸か六戸が並ぶ、長方形の建物である。主要な構成要素は、鉄筋コンクリートと鉄とガラスである。団地の一階の入口部分には、郵便ポストがある。整然としたポストの配列は、そのまま、団地における住宅の配列に対応している。ポストと逆の壁には、掲示板がある。掲示板には、ゴミ出し、募金、住民相互の交流のための催しを告げる印刷物が貼りだされている。階段を昇ると、各戸の扉へとつづく廊下がある。扉は、シリンダー錠で施錠されている。扉には新聞受けと覗き穴がある。覗き穴は、呼び鈴を押した人物が誰であるかを中から確認するためのものである。廊下には、子どもの遊び道具や、傘が置いてある。廊下から、扉を背にして目を向けると、芝生を隔てた向こう側に、同じ団地が並んでいるのがみえる。ひとつだけのこともあるし、横並びに複数のこともある。団地にはベランダがあり、洗濯物がほしてあることもあれば、観葉植物の植木鉢が置いてあることもある。団地の周囲には、芝生があり、樹木が植えられ、アスファルト舗装された地面がある。芝生は、ときに子どもが遊んでいることもあるが、遊ぶための空間としてつくられたのではなく、芝生として存在している。だから、ボールがベランダに入ったりすると、子どもは怒られる。地面は、人が歩いたり、立ち話したり、自転車で通行したりするためのものである。地面を歩くと、公園がある。砂場、滑り台、ブランコといった基本的な遊具が配置されている。ベンチもあって、子どもを遊ばせている親たちが談笑していることもある。団地は群をなし、そのあいだには芝生がある、団地と芝生、公園、自転車置き場といったものが、近隣単位を形成する。柵で囲われていることもあるし、歩道で囲われていることもある。囲いの外へと歩いていくと、近隣センターがある。日用品を売る店や、書店、薬局、床屋などがある。食料品店もあるが、最近では、大規模ショッピングモールに客をとられて閑古鳥状態か、閉店しドラッグストアになっている。少し移動すれば医療センターもある。人工都市には、バス停がある。自家用車をもたない住民は、バスで都市の外にでる。

真空と解体

人工都市を問う。それも、原風景や太古の記憶を欠落させた都市というような概念枠を参照せずに問う。そこでまず、こだわりたいのは、ここに身をおき、呼吸し、動き、子どもたちと遊び、会話するときに身に覚える、感触である。団地も、芝生も、自転車置き場も、アスファルト舗装された街路も、実在している。物理的な施設となって実在している。私たちはそこで、階段、扉、廊下、遊具といった物を使い、その物を経験し、感覚している。疑いようのないことであると思っている。にも拘らず、物で成り立つこの自己完結した人工世界に、説明することのむずかしい奇妙な何かを感じとっている。その何かを、安部公房は次のように言語化する。

町は、空間的には、まぎれもなく存在していたが、時間的には、なんら真空と変らない。存在しているのに、存在していないというのは、なんという恐ろしいことだろう[11]。

人工都市は、空間として実在する。そのことは確かである。だが、時間が存在しているように感じられない。もちろん、人はそこには存在するし、動いているし、会話している。それでもそうした営みが、動きをもっているものとして感覚されない。動いているが停止しているものとして感じられてしまう。この感触を、安部公房は伝えようとしている。

前田愛は、「ここで問われているものが、小説を小説として自立させている古典的な制度のひとつ、時間と空間の座標軸であることはいうまでもない」と述べている[12]。原風景のような観念を支えとすることで成り立っていた座標軸がここでは成り立たない。都市を捉える方法としての座標軸は、都市という対象とのかかわりにおいては、その外側に設定される。観察対象としての都市は、座標軸という観測装置と、切り離された状態にある。原風景や太古の記憶を原点として設定される座標軸に身をおくことができるのであれば、都市はその観点から、安定的に観測される。人工都市では、このような安定的な観測ができない。言い換えると、このような座標軸を参照せずに私たちの生きているところを捉え考えるうえでの基本的態度をととえるための方法が求められている。安部公房は、それを果敢に試みた。続けて前田はこう述べる。「この二つの座標軸に自分を定位することができなくなった主人公が、なお小説の登場人物としてありつづけるとすれば、純粋な声、言葉そのもののなかに退却してしまった彼の存在までを私たちが否定することは許されない[13]」。

座標軸のない状態で都市をとらえるためには、都市を捉えようとする人間主体が都市のなかへと入り込み、都市の律動、生動といったものを感知しながら考えようとすることが求められる。自分が人工都市の一部であることを認め、ひきうけることだが、その過程で人間主体は、純粋な声、言葉そのものへと解体されていく。

人工都市は、幾何学的に配置され、整頓されている。その配置、整頓は、動き、生きている人間の身体との具体的な接点のない状態で、計画図から導き出されたものであるが、どちらかといえば固定され、停止した状態にある。声や身ぶり、息遣いは、純粋な声、言葉へと解体された状態において実在する。

解体されているという感触の由来について考えてみる必要がある。それは、幾何学的に構築された空間秩序と乖離した生きられる空間の内部においてふるまいが解体されているというときいったい何が起きているのかを自らの身体を手がかりにして問うことである。

集団的住宅地と新しい市民秩序

人工都市は、計画の産物である。だが、これまでに論じた奇妙な感触（生活感の希薄さ、時間の停止といった感触）までもが計画されていたのではない。これらは、意図せざる産物である。

千里ニュータウンのマスタープラン作成にも関与した都市工学者の高山英華は、一九五三年に発表された「住宅と社会生活」で述べている。「敗戦によって、慌ただしく変動するわが国において、その壊滅し混乱した都市の復興を考えた場合、集団的住宅地の建設を通じて、新しい市民秩序を探し求めることは重要なことであろう(14)」。集団的住宅地は、ただ増加した都市人口を収容するための装置というのではなく、崩壊した生活の再建と、さらに新しい生活形式の成立のための場となることが見込まれて、構想されたのであった。高山は、新しい市民生活の秩序が求められている理由として、「家の観念がまだ根深く残っており、家族生活と社会生活との断層が深いところの都市生活」という日本特有の事情に言及する。現代的な用語法で言い換えると、私的なものと公的なものの分裂であり、そのあいだをつなぐものとして市民的秩序が必要とされるということになろうが、高山は、この新しい市民生活の秩序の成立のために、集団的住宅地の建設が要請されると考えている。

たしかに、日常生活が秩序化された状態で営まれるためには、安定している場が必要である。鷲田清一は、「規則的かつ反復的なリズムをもったものへと時間的に編成された生を日常と考えるならば、われわれはまさにこの日常において、諸々の生活遂行の土台となるような生の安定層を手に入れると言える(15)」と述べているが、日常生活の安定層は、さらに空間的な編成をも必要としている。

高山は、空間的編成の重要性を指摘したというだけでなく、最適な形がいかなるものとなるかについても考察している。集団的住宅地の建設の基本方針について、彼はこう述べている。「住宅地の理想は、一軒々々の住宅の質が向上することがもちろん前提となるが、土地の雰囲気がよく、その附近に日常生活に必要な施設が完備していることがきわめて大切な条件となる。いわゆる自然的、社会的環境にめぐまれていなければならない(16)」。

具体的には、まず、物的な施設の整備である。「上下水道、ガスといったものから、食料、衣料などの店舗類、映画館などの簡単な娯楽施設、小学校、幼稚園などの教育施設、医院、診療所などの医療施設、幼児の遊び場から小公園、運動場に至る厚生施設等がととのっていなければならない」。そして高山の議論において、施設は、「市民各自の住居そのものの質に大きく影響を与える」ものと把握されている。つまり、集団的住宅地は、多数の私的居住空間だけでなく、私的空間をとりまき生活の質の支えとなるような公共的空間を包含するものとして構想されている。そこでは、私的空間の各々が、公共的空間と接続されることで、他の私的空間の居住者と相互的に連関するということが、目指されている。実際、高山は、近代的な都市生活に失われているものが、「人と人との暖かいつながり」であり、つながりを取り戻すための条件としてコミュニティセンターが不可欠であること、そこで開催される映画会や談話会が、都市生活者の親睦をはかり、「家庭生活にとじこもっている人々をより広い社会生活へ結びつけていく活動」となりうるということを指摘している。

近隣センター、千里ニュータウンにて撮影

ニュータウンには、物的施設が充実している。食料販売や床屋といった日用のための空間が集められている近隣センターのような空間は、公共的な空間として構想され、構築されたといえるだろうし、子どものための公園や、憩いのための広場やベンチといったものも、ところどころに設置されている。人工都市は、じつは市民の生活のための空間として構想されていたことがわかる。それも、各人が私的空間に閉じこもることなく、公共的な空間を媒介にして他の人々とかかわり、相互に交流しあうなか、新しい市民的秩序を形成していくことを促していく空間的舞台設定となることが意図されていたのである。

動きの不在と網の目の衰微

人工都市には何かが欠乏している。この感触を小説によって提示したのが安部公房であった。この感触がないならば、人工都市にかんする思考は、空疎なものとなるだろう。しかしながら、考察を理論的な言語へと洗練させていくためには、この感触を踏まえたうえでの抽象的な思考が求められる。人工都市を、生活が営まれることの条件と捉えたうえで、その営みを成り立たせ存続させていくうえで、何がここには欠けているのかを、理詰めで思考していくことが求められる。

アレグザンダーの「都市はツリーではない」が画期的なのは、人工都市に関する理論的思考を、はじめて試みたからである。アレグザンダーは、人工都市を空間的な秩序の次元で把握し、その秩序のあり方に、生活の場としてみてみると何かが欠乏していることの理由を探っていこうとした。彼のみるところ、人工都市の空間秩序は、ツリー構造である。「ツリー構造が存在するとき、それは、この構造のなかにおいて、集合のいかなる部分も全体としてのこの集合という媒体を介することなしには他の集合と接続されないことを意味している[17]」。この空間的秩序が、人工都市において実現されているために、そこで生活している人たちは、人工都市には何かが欠乏していると感じてしまう。空間秩序が、部分と部分の分離を促していくものであるために、人間生活の領域もまた、相互的な接続の起こらない場になってしまっている、ということである。

アレグザンダーの思考は、一つの固定観念を前提にして成り立っている。「現代社会においては、人々の閉じた集団は、存在しないも同然である」、というものである。「今日の社会構造の現実は、重なり合いに満ちている[18]」。アレグザンダーは、この重なり合いを、伝統的な社会とされる村落の閉じた共同体と対比する。つまり、村落に固有の集団は閉じているのに対し、都市化が進む社会構造では、人間集団は本来的に閉じたものとなりえず、開かれたものになっていくという想定である。そしてこの開かれた集団性が優勢になっていく状況において、人工都市のツリー構造という閉じた空間秩序は、開放性、重なり合いに対し、桎梏となる。

アレグザンダーの説明は、たしかに、論理的には一貫している。しかしながら、現代的な社会構造の開放性がおのずから人間関係の重なり合いをもたらしていくという前提には、再考の余地がある。

この前提にしたがうなら、人工都市は、以前からそこに存在していた開放的な集団性の場としての大都市において出現したものということになる。先にも述べたように、千里ニュータウンをはじめとする郊外型の人工都市は、都市など存在しない、丘陵や里山に出現した。白地図とみたてられた場所に現れ、人が住むようになった。ゆえに、開放的な集団性を解体するものとして出現したのではなく、都市ではなかった場所に、新しく人を住まわせ、集団を形成していくための拠点として、出現したのである。集まってきた人たちは、地縁も血縁も同じくしない状態で新たに人間関係を構築していかねばならないという状況に置かれた。この状況は、大都市における人間関係の多様化、重なり合い、複雑化とは、異なっている。伝統的な社会から離脱した人たちが、伝統的な縁を共有できない状態で、寄せ集められていくということである。

これに対し、安部公房が捉えているのは、人工都市の生活の場の感触である。生活の場が、停止した状態にあることを安部公房は感知する。停止とは、どういうことか。動きがないということである。誰もいなければ、動きはない。動かす要因がない。またたとえ、人がいて、何かをしていても、動きがないということもある。動きがないとはどういうことかを考えるためにも、まずは、動きがあるとはどういうことかを考えてみたい。それは、行為があるということである。動きは、行為によって、行為において生じる。行為には、身体的な動きだけでなく、言葉という表現的な要素も含まれる。そして行為は、一人だけでは起こらない。ハンナ・アレントが述べているように、「行為と言葉は、他の人間の行為と言葉の網の目に取り囲まれ、それと絶え間なく接している」[19]。行為は、人が出会い、一緒になにかをすることを、その条件とする。行為と言葉は網の目を形成していく。ある人の行為が、別の人の行為を誘発し、別の人の行為がまた、他の行為を引き起こしていくというようにして、網の目を拡張していくことにつながる。網の目の拡張にともない、行為が伝播していく。

動きがないとは、行為と言葉の伝播の起こらない状態である。物的施設は存在している。にもかかわらず、動きは生じていない。動きの不在は、行為と言葉の伝播が起こらない状態で空間が構築されていることの帰結である。アレントのいう「網の目」が希薄な状態で、物的施設としての空間が構築された状態である。

重なり合いを、人間集団という表象を介するのではなく、網の目として生じるものとして捉え直してみる。複数の人間集団が重なり合うというのではなく、人間集団という枠組みとはかかわりのないところで、複数の人間の行為がふるまいとなって発するところに生じてくる網の目状の組織体として重なり合いを捉えていく。重なり合いを、無数の行為が生じ、相互に作用し、触発し、連鎖していくところにおいて形成されるものと考えてみる。つまり、行為の相互作用と触発、相互連鎖は、個人として確定された複数の人間の相互作用というよりはむしろ、個へと確定されることに先立つサブパーソナルなものの出会いと相互触発が無数に生じるところにおいて起こることとして、捉えられることを要する。そのように考察を進めるうえで、マヌエル・デランダの議論は参考になる。

サブパーソナルな構成要素（印象、観念、命題態度、習慣、技能）の集合体から創発してくる主体もしくは個人には、社会的に行為するというだけでなく、プラグマティックに（つまり、手段を目的にあわせるというようにして）行為する的確な能力がそなわっている。つまり、いかなる意識的な決定をともなう必要のない、さまざまな習慣的な理由かもしくは習性的な理由のために、目的を選択するという能力がそなわっている。他方では、集合体を産出する過程はつねに反復的であること（それらは常に個体群をつくりだすということ）を考えるならば、個人のあいだでの相互作用から創発する主体性の諸側面のことをすぐにでも付言しなくてはならない。これらの相互作用のうちのいくつかは、たとえきわめて短い存続期間のものであっても、集合体のなかで起こるものとみなされることになろう。これらのはかない集合体は「社会的な出会い」と呼ぶことができるかもしれない[20]。

重なり合いという網の目を、人間集団という、ある程度の予測可能性にもとづいて営まれている組織体とは別の水準にあるものと捉え直してみるとはつまり、人間集団に属することのない状態でも、人間は行為し、行為は相互連鎖していくと考えていくということである。網の目は、予測可能性とは別のところ、つまりは偶然性にかかわるものということになる。アレントは、不確実性、予期不可能性を、行為の特質と考えていた。「過程は、その帰結が予測し得ない状態で、開始される。ゆえに、はかなさよりは不確実性が、人間にかかわる事態の決定的な特質になる[21]」。

網の目が、不確定的なものとして形成されていく。これが人間の条件をなしていることを、アレントは洞察した。リチャード・セネットが論じているように、網の目の不確定性への洞察の背景には、アレントのニューヨーク経験がある。セネットは、アレントの議論が都市を理解するうえで重要であるというのも、都市のそもそもの条件である「匿名性」を積極的な価値として思考しようとするものだったからである。「共有される物語を欠落させた状態であるため、人々は、よりいっそう非人称的な観点からみずからの生をつくりだされねばならなくなった」[22]。共有の物語はない。それでも、共に生きていかねばならないとしたら、その条件はどのようなものか。アレントは、この問いに、ニューヨークでの都市経験から答えを出そうとした。そこから、行為の網の目という空間的なものが見出された[23]。

客体的な世界

安部公房も、人間が生きていることの根拠を問いつづけてきた作家である。安部はこの問いを、ニュータウンという人工都市とのかかわりのなかで発した。彼は人工都市に、空間にかかわる問題を見出したのだが、そこで直観されたのが、動きの停止であった。「空間的には、まぎれもなく存在していたが、時間的には、なんら真空と変わらない」。真空状態は、何かが起こるということを形ある営みへと定着させていく働きが、欠乏している状態のことである。営みないしは働きという、身体性の水準でしか捉えがたい状態である。音をただ出すだけでは音楽にならないのと同じく、人がただいて、何かをしていても、雑然とした集まりにしかならない。この雑然とした集まりに欠乏するのが、人のふるまいを営みへと定着させ、持続させていく働きである。そしてこの働きは、何かを起こしている人たち個々の内面性に属するのではなく、営みを生じさせ、成り立たせていく場そのものに属している。

アレントは、このような場こそが公的領域であると考えている。そしてアレントは、公的領域を、「世界」と概念化する。すなわちそれは、「私たちすべてに共有される世界」である[24]。世界といわれても、具体性を欠いているものと考える人もいるかもしれない。だが、アレントは世界を、抽象的な観念や理念といったものではなく、客体性（objectivity）のあるものとして、具体的に実在し、共有されるものとして考えている。アレントはこう述べている。「私たち自身の世界の客体性を、自然が私たちに与えるものからつくりあげていく私たちだけが、この世界を自然の環境のなかへと埋め込む（build it into the environment of nature）ことで私たち自身を自然から守られているようにすることができるのであり、さらにそのことで、自然に対して「客体的な」ものとして向き合うことができるようになる。人間と自然のあいだにおける世界を欠くならば、永遠の運動性しかなく、いかなる客体性も存在しない(25)」。

アレントのいう行為の網の目は、世界として、世界において成り立つものと考えることができる。人間の営みの根拠は、主観性の領域ではなく、人間の主観性から独立の、客体的な世界にある。この世界は、人間自身の営みによってつくりだされていくのだが、アレントも述べているように、人間の営みの産物であるかぎりでは、自然そのものではない。ただし、自然ではないからといって、自然から完全に切断されるのではなく、自然の環境のなかへと埋め込まれていくものである。自然とは区別されるが切断されない。重要なのは、公的世界が自然と切り離されているかどうかではない。公的世界が、客体的な世界として、永遠の運動性というおのずから生じては消える混沌と拡散とは区別された確かなものとしてつくりだされているかどうかのほうである。

安部公房が、人工都市に直観したのは、客体的な世界の不在であった。人工都市には、広場もあれば公園もあり、公民館もある。それでも、人が出会えず、対話できず、営みを共にすることができていないとしたら、その理由は、出会い、対話し、営みを共にすることの条件である客体的な公的世界が欠乏していることに求められるのではないか。物理的な施設と、公的世界の客体性は一致しない。

ところで、人の心から独立していて、私とは異なる様々な人々がそれぞれに違う考えをもちつつ集まっている世界の客体的な実在性と出会い、触れていくことの重要性を提唱したのはドナルド・デイヴィッドソンである。彼はこの問題を、デカルト哲学の限界を指し示すものとして提示した。知識は、確実で直接的で主観的で個人的な心の領域に立脚すると考えるかぎり、世界の客体性には到達できない。それでも、この世界の実在に即した思考を試みなくてはならない。これがデイヴィッドソンの問題である。(26)たしかにこれは哲学的な問題ではある。この客体的な世界とはどのような世界であるかを理詰めで提示するというのは、重要な課題である。(27)

だが、そうした思考の営みを行なうにしても、さらに、なぜこのような世界の客体性を考えなくてはならないのかと問うことが求められる。その理由は、やはり、世界の客体性という水準にまで思考をすすめていくことでしか触れることのできない領域があることを、私たちが、薄々感じているからである。それは、生きていることの根拠にかかわる。そこが消えてしまえば、私たちの営みは、正気を欠いたものとなろう。にも拘らず、私たちは、生きていることの根拠を客体的な世界とのかかわりのなかで考えることの方法を、見つけ出せないでいる。ティモシー・モートンは述べている。

環境は、それが問題となったまさにそのとき産声を上げた。「環境」という言葉はいまだに私たちにつきまとっている。というのも、みずからをとりまくものをより包括的なやりかたで気遣う社会であれば、環境という考えかたは——したがって環境主義は——消え去るからだ。社会が「それ」を気遣うことにいっそうのめり込むならば、環境は、私たちをとりまき、私たちの周囲にあり、私たちとは異なっている「事物(thing)」ではなくなるだろう。じつに、人間は「事物」についての考え方を、「出会いの場(meeting place)」というそのそもそもの意味へと戻していくかもしれない。(28)

モートンのいう環境は、私たちの主体的な営みの場としての世界ではない。私たちから切断された対象としての環境である。操作の対象となっている環境である。これに対してモートンは、私たちが私たちの生きている世界への気遣いを徹底させ、世界へとのめり込む状態にあるなら、私たちは世界を、環境という受動的対象として捉えるのをやめるようになると考える。気遣いを徹底させるなら、環境を受動的な対象として捉えるやり方とは異なる、私たちの生きる場そのものに即した思考が始まるだろう。世界は、受動的な対象ではない。だが、主観性の領域には還元しえない。モートンは、そこを「事物」と捉えている。「出会いの場」というそもそもの意味での「事物」である。モートンは、世界の客体性を感覚している。この世界が、出会いの場だということを捉えている。それでも、モートンにおいては、この世界の客体性がどのようなものであるかの考察は徹底されていない。そこに人間が身をおき、呼吸し、動きまわる世界。そのあり方を、理詰めの言葉で描き出すところにまで、思考を徹底させることが求められる。

ところで、一九八一年生まれの哲学者であり小説家でもあるトリスタン・ガルシアは、『形式と客体』という著書で、同じような時代認識から、事物に即した思考を試みている。彼の場合、現代を、事物があまりにも増えすぎたあげく事物による汚染（thingly contamination）が起きているとしかいいようのない時代と捉え、そもそも事物とは何か、事物に即した思考とは何かというように、考えを進めている。(29)たしかに、私たちの身の回りには、あまりにも多くの事物がある。食品、家電、書籍、ＣＤ、住居などに顕著だが、不要であるというだけでなく、心身に害悪を及ぼすとしか思えないものも増えている。そこであらためて、事物に即した思考を行なうというのは、たしかに重要かもしれない。事物があまりにも増えすぎているし、それらの増加が心身および世界にたいする汚染をもたらし、思考、感覚を麻痺させているというガルシアの見解には、私も同意する。

ただし、さらに考えることがあるのではないか。つまり、そもそもこの状況で私たちは生きていけるのか、ということである。生きていることの根拠への問いという思考の試みを、世界の客体性とのかかわりにおいて、世界の客体性に即してやり直すことが求められている。

匿名の都市

ニュータウンには、何かが欠乏している。それが何かを言葉にするのは、とてもむずかしい。本章では、動き、行為の網の目、世界の客体性、出会いの場などという言葉を手がかりにして考察を進めてきたが、それではたして十分なものとなりえたかは、確信がもてない。さらに思考を徹底させるためにも、やはり、欠乏していない状態をイメージとして、想像において描き出そうとすることも、必要である。そのイメージを提示して、本章を終えたい。

安部公房の小説は、世界の客体性を、都市において考えていた。『燃えつきた地図』は、都市における世界の欠乏を提示したものであったといえるが、一九七三年に刊行された『箱男』は、人間が生きていることの可能な世界のイメージの想像は都市でこそ可能であるということを論じたものとして読むことができる。こういう文章がある。

匿名の市民だけのための、匿名の都市——扉という扉が、誰のためにもへだてなく開かれていて、他人どうしだろうと、とくに身構える必要はなく、逆立ちして歩こうと、道端で眠り込もうと、咎められず、人々を呼び止めるのに、特別な許可はいらず、歌自慢なら、いくら勝手に歌いかけようと自由だし、それが済めば、いつでも好きな時に、無名の人ごみにまぎれ込むことが出来る、そん

な街。(30)

匿名の都市は、想像された都市である。だが、抽象的な観念ではない。扉が開かれていて、他人どうしでも身構えなくてよいというのは、現実世界においても、十分にありうる状況である。逆立ちも、道端で眠り込むことも、可能である。だが、匿名の都市は、実現化されていない。実現化されるためには、各人が身構えず、逆立ちや道端での居眠りを自由に行なうことを可能にする都市が、客体的な世界として、成り立っていることを要する。そして、匿名の都市は、各人が互いを知らないというだけでなく、互いにたいしてある程度無関心で、放任しあっている状態を許容する。匿名の都市は、開かれた空間である。実際に人がいて、うろつきまわることができ、ざっくばらんに立ち話することもできる空間である。人が活発に議論し、相互交渉することは、かならずしも必要でない。皆が外に出て、活発になり、相互交渉が密になり、空間が充満しすぎると、それはそれで息苦しくなる。とくに、客体性の世界を欠いた状態で相互交渉が起こり、密になる場合、息苦しさが増す。匿名の都市には、適度に散漫で、忙しくなく、何であろうと放置されている、そのような空間性がある。

第二章　空間の静謐／静謐の空間

人間の生活には、空間性がある。それは、人間の生活が、空間において、空間性のあるものとして営まれていることを意味する。ではいったい、人間生活の空間性を、どのようなものと考えたらいいのか。

空間の感覚

生活の空間性は、何よりもまずは感覚されるものとして生じている。ハイチやイスタンブールなどの都市を主題に写真を撮り続けてきたアレックス・ウェブは、写真と文章の集合体として編集された写真集のなかで、次のようにいう。「私の写真はしばしば複雑なものと論評されるが、都市の写真家としての実際の過程はきわめて単純である。私は写真の可能性を感じ、ほとんどそれを嗅ぎとる。私はときに状況のなかを歩きまわり、ときにうろつき、街路のリズムを把握していく(31)」。彼の写真に漂う、静謐を基調としつつも躍動している雰囲気は、自意識や批評家気取りの距離感を交えることなく捉えた都市の裸形といえるが、この裸形は、状況のなかを歩くことで感知される、それぞれの都市の空間性の局所的な表現として掴まえられ、提示されている。

ところでアレックス・ウェブはこの作品を妻であり仕事仲間でもあるレベッカ・ノリス・ウェブと一

緒につくっているのだが、そのレベッカは、小説家のテユ・コールを相手とするインタヴュー記事で、みずからの仕事が、詩人のチェスワフ・ミウォシュのいう「よりいっそうの空間的な形態」を追求するということに向けられてきたと述べている。(32)

リトアニア系のポーランド人で後にアメリカに亡命したミウォシュのこの言葉は Arts Poetica? という詩の一節である。(33) そこでミウォシュは次のように述べている。

> 私はいつも、よりいっそうの空間的な形態を切望してきた。
> つまり、詩や散文の要求から自由な、空間的な形態を。
> そしてそれは、著者や読者を崇高な苦難へと晒すことなく
> お互いが理解するのを促してくれる。

ミウォシュは詩について述べている。空間性のある詩とはどのようなものかをめぐる考察である。だがここでは、ただ文学作品だけでなく、日常的な空間のことを考えるうえでも示唆的なことが言われている。たとえば、カフェという空間は、崇高な苦難への献身といった観念的な要求とは無縁の、日常的な空間である。そしてそのなかで人は、ただ一人で本を読んでいるかもしれないし、二人で話しているかもしれないし、複数で歓談しているかもしれない。いずれにせよ、人はそこで、思考し、議論し、考察を

カフェの静寂、テユ・コール撮影

深め、理解していく。思考と理解は、空間を必要とする。

そしてカフェという空間は、人が一人ではないことを、意識化させる。常に私たちは、他の人が周囲にいて、それぞれに違う考えを持ち、生活しているなかで生きていることを意識化させる。たとえ一人でコーヒーを飲んでいても、隣から会話の声が聞こえてくるなら、私はもう、一人ではない。ミウォシュは述べている。

詩の目的は、ただ一人の人間のままでいることがどれほどに困難であるかを
私たちに思い起こさせることにある。
なぜなら、私たちの家は開かれていて、ドアには鍵がついておらず
見えない客が思い思いに入っては出て行くからだ。

正気と静寂

人間の生活がうまく営まれていないとき、その不調も、空間性のあるものとして現れている。空間において、何ものかがおかしくなっているのだとしたら、その何ものかとは何か。坂部恵は、生活の営みの根拠が相互人格的な場であると述べつつ、この場が、彼の生きていた時代の動向において、保たれることがむずかしくなっているとも述べている。

人間のすべての〈ふるまい〉が、「せぬひま」、「静慮」、vita contemplativa へのひそかな、しかし何よりもたしかな根づきとつながりを失うとき、人間の〈ふるまい〉はおそらく、本来人間の

〈ふるまい〉とは呼べないグロテスクな何ものかに変じてしまい、悠久の時このかたひとびとの暮らしをひそやかに支えつづけてきた〈正気〉は、それと気づかれることもないままに生活の舞台をそっと立ち去るであろう(34)。

坂部は、正気の喪失の要因を、ただ生活を営む人間の心的な働きの不調へと還元できないと考えている。正気の喪失の理由は、生活が営まれている場のほうにある。この場は、生活の営みの土台である。内面的、主観的なものというよりは、心的な働きの外側にあり、ゆえに客体的なものである。この土台から正気が去るとはつまり、土台自体が正気でなくなるということだが、そうなると、正気を欠いた土台において営まれている生活もまた、正気を欠いたものとなる。

正気が去るとはどういうことか。正気の消滅は、非理性的で非合理な情念への囚われの帰結ではなく、生活の営みとしての〈ふるまい〉が、「せぬひま」や「静慮」とのつながりを失うことの帰結である。「せぬひま」や「静慮」は、字義通りとらえるならば静かな状態ということだが、坂部が独自なのは、「せぬひま」や「静慮」を、ふるまいの場という、人間の内面性とは独立の領域との接点で考えているところにある。静けさは、生活という営みの条件である場において、場として、生じてくる。坂部は、この静けさの場が、現実生活では弱まっていると考えている。それは、静けさが生じてくるという働きが、その場において衰微するということである。静けさの場が衰微したところに、正気ならざる状態が入り込み、その空白を占有する。人のふるまいとは似て非なる騒々しいが空疎でもある行動が空白を充たし、静寂、ないしは人と人との相互的やりとりを生じさせていく〈あわい〉の余地を奪っていく。

静けさの場の衰微は、日本に限った話ではない。そして、都市生活ではこの静けさこそが重要であるといった考え方も、日本に限ったものではない。ニューヨーク在住の小説家であるテユ・コールも、都市における静けさの重要性に着目している。

テユ・コールは、一九七五年生まれ。ナイジェリア出身の黒人である。子供の頃両親に連れられて米国に移住し、コロンビア大学で美術史の学位を修得。米国への移住後青年になったときナイジェリアへと旅行した際感じたことを素材にしてブログで書いた文章をもとにした小説で二〇〇七年にデヴュー[35]。その後、写真家としてもキャリアを積む。二〇一一年に発表された『開かれた都市』が絶賛される[36]。アレックス・ウェブとレベッカ・ノリス・ウェブとは彼らが主催している写真のワークショップに参加したことがきっかけで知り合いそれで写真をやっているようだが、コール自身、都市の空間性への鋭い感覚から小説を書いていることからも明らかなように、ウェブ夫妻の影響は作品制作過程へと深く及んでいるといえよう。

ところで『開かれた都市』とは、他者に向かって開かれた精神状態を意味すると同時に、攻撃に無防備であることをも意味する。そこは、他者に対して開かれている。様々な人を迎え入れるだけの余裕がある。だがそれは、思いもよらぬ攻撃の要因が入り込むことでもある。ただしこの小説は、あからさまには政治のことを語らない。基本的には、都市を歩くとはどのようなことかをめぐる小説であり、日々の日常において感じられる、他者とのあいだでのひそかな摩擦、緊張、溝といったものを素材にして、断片的な語りが積み重なり、連鎖していくというスタイルで話が展開していく。自分たちとは違う人たちへの無配慮、無視、悪口、さりげない攻撃性、嘲り。人びとは、自分たちがしていることが他人を傷つけていることに無自覚である。その無自覚の状態に注意を向かわせないとでもいうかのようにして、都市は喧噪で充たされていく。コールの小説では、この喧噪と対置されるものとして、都市の静寂が語られる。コールは、都市の裸形が静寂において現れてくる様を描き出す。

冒頭では、語り手が、仕事のあとの散歩を日課とするようになると語られる。日を重ねていくにつれて、家へと戻るのに地下鉄を利用せねばならないほどにまで遠くへ歩くようになる。それにともない、「ニューヨークは、私の生活へと、歩調にあわせて入り込むようになる」[37]。小説の語りは、歩くこと、佇むこと、人と会話すること、ぼんやりと考えるといった日々の生活の調子へとマンハッタンを引きずり込み、その調子において、マンハッタンを生動させていくという営みをめぐるものとして、繰り広げられていく。

そこで重要な主題となるのが、静けさである。静けさは、音がない状態を意味しない。最初の部分で、語り手がおそらくは自室で、カナダかドイツかオランダのインターネットラジオを好んで聴取している様子が語られている。なぜかといえば、第一にそれは、アメリカのラジオから流れる宣伝が趣味にあわないからである。ベートーヴェンのあとにスキージャケットの宣伝が流れ、ワーグナーのあとに高級チーズの宣伝が流れるというのが嫌なのだ。語り手は、異国のラジオに耳をかたむける。アナウンサーの言っている言葉の意味はわからない。それでも、彼がそれを聴くのは、それらの声の調子と、語り手自身の心とが、波長をあわせ、共鳴するのを感じるからだ。その同調、共鳴を、快適なものと感じる。これは、音を聴くという営みと、それをとりまく音の環境とが、摩擦なく共鳴し、穏やかでいられる状態である。

この穏やかさがマンハッタンの日常世界で普通に保たれているかといえば、そのようなことはない。

朝に目を覚ました語り手が部屋の外に出て街路と出会うとき、そこを「たえまのない喧騒」と捉える。「街の忙しい場所を歩くのは、一日をつうじて見ることのできる許容量をこえた多くの人に、何百人も何千人もの多くの人に目を向けていくことを意味する。だが、こういった数えきれない顔という顔の印象は、私の孤独の感覚を鎮めることはない。どちらかといえば、それはこの感覚を強めるのだ(38)」。孤独とは、波長をあわせることのできない刺激にみちた都市の街路の只中で感じる緊張感であり、疲弊し苛まれている状態であるが、それがなにゆえに辛いかといえば、静けさの空間が奪われているからだ。語り手は、タワーレコードについてこう述べる。「私はいつも、音楽の店のスピーカーで流されているものはなんであれ、嫌いだった。それは他の音楽のことを考えるという愉楽を台無しにした。レコード店は静かな空間であるべきだ、と私は思った。そこでは、ほかのどのようなところにもまして、心が清澄である必要がある(39)」。

『開かれた都市』は、正気を失わないで生きていくことの条件を、静かに、そして着実に描き出そうとする。正気は、いかにして可能か。正気は、静けさを必要とする。ただし、この静けさは、個人の努力で得られるようなものではなく、静謐の空間を条件とする。『開かれた都市』の語り手は、雨の日、アメリカン・フォーク・アート・ミュージアムへとたまたま入り、ジョン・ブルースター・ジュニアの絵に魅せられる。美術館自体、静謐の空間だが、ブルースターの絵も、語り手の心に静謐をもたらす。しかも語り手は、絵自体が、静謐において生じたものだと考える。「ブルースターの肖像画の前にたつとき、私の心は静かになる。私は絵画を、芸術家とその対象のあいだでの静かなやりとりを記録したものと考えた(40)」。作品は、芸術家と対象とのあいだに生じる静けさを具現化している。そして作品を前にした語り手は、作品の静けさのなかへと入り込み、自身の心が静まっていくのを感じる。静けさを介して、芸術家と対象と作品と語り手のそれぞれが連関するが、その連関自体が、美術館という、静謐な空間において成り立っていく。

静謐が、大切である。静謐のなかに身を浸すことではじめて、私たちは、己が何を考えているか、どのように感じているか、何に共感しているのかを、じっくりと落ち着いて確認し、内省することができるようになる。内省は、一人であってもいいし、親しい人との会話においてでもいい。

ところでコールは、『開かれた都市』のような作品はニューヨークでなくても書くことができると述べている。「このような本は、ジャカルタやマニラやロンドンについても書かれるだろう。つまり、これらの場所にある不可視の真実への感覚をもつ人の手で、書かれることになるだろう」[41]。不可視の真実は、感覚されるものである。この感覚から、コールは言葉を書き連ね、一冊の小説を書いた。このように、都市への感覚から思考し書くという方法は、先鋭的な作家において次第に共有されるようになっている。

表1

実際の空間	事物／ふるまい（行為、言葉）
潜在的な空間	静寂

静寂からの作品

以上の議論を図表化すると、上のようになる。（表1）

私たちの生活は、空間において営まれている。空間は、家、部屋、街路、公園、喫茶店、美術館というように、物として具体化されて、人間の生活を支えるものになる。行為し、言葉を発するという営みは、空間において現われることで、触知されうる形をもち、意味のあるふるまいになる。ただし、同じふるまいであっても、沈着と浮薄、重厚と空疎、強さと脆さというように、その現われの度合いは異なる。その違いはもちろんふるまいの担い手である人間の主体性とも関係するが、人間が身をおく空間のあり方の違いとも関係する。そして、空間のあり方の違いは、物という具体物の水準の基底にある、潜在的な空間のあり方に由来する。潜在的な空間は、静寂の度合いを異にする。

コールの小説の人物が歩くニューヨークにも、喧噪の空間と静寂の空間がある。ただし、静寂が保たれている空間の余地は狭小で、喧噪のほうが優勢である。多くの人は、喧噪に馴れている。ゆえに、静寂を都市に感じることは稀であるというだけでなく、静寂というものが都市にもあるということに気づくこともない。ウェブの写真やコールの小説は、都市の潜在的な空間の水準にまで感覚をとどかせそこで意識を集中していく過程の産物である。都市の静寂を作品化し、作品の受け手の感覚を静寂へと導いていく。

現実の都市においても、静寂の空間にもとづく作品をつくりだそうと考えている人がいる。その一人が、クリストファー・アレグザンダーである。「都市はツリーではない」は、近代的な都市計画の産物であるニュータウンのような人工都市には何かが欠落しているという直観に導かれていくようにして書かれているが、この直観からの思考のさらなる徹底化の結果、一九七〇年代後半の『パターン・ランゲージ』という著作が書かれることになる。そしてこの『パターン・ランゲージ』と対をなす理論書ともいうべき『時を超えた建築の道』では、アレグザンダーの思考が空間の質感にもとづくものであることがはっきりと述べられている。アレグザンダーは、空間には、名づけえぬ質があると述べている。「人間、街、建物、自然の命と精神の根本的な基準となる重要な質が存在する。この質は、客体的で精妙だが、名づけることができない[42]」。質には空間性があり、人間の内面性や意味づけといった営みからは自由で、客体的なものとして実在している。また、この質は、素朴に存在するのではなく、精妙なものとしてつくりだされ保たれていることを要する。だがこの質は、名づけることで把握するという、人間の主知主義的な営みを逃れてしまう。主知主義的な態度で把握しようとするかぎり、把握できないし、働きかけることもできない。ゆえに、精妙であり、もろく、壊れやすい。それでも、空間として、空間において実現しうるのであり、だからこそ、不可能ではない。そしておそらくは、アレグザンダーはこの質を、坂部やコールが感知した静謐の条件にかかわることとして、把握していた。

亀岡のみずのき美術館、二階部分

質感に根ざした建築空間の形成とは、どのようなことか。乾久美子は、この問いに自覚的である建築家の一人である。といっても、乾自身、彼女が勤務した青木淳の事務所での経験が大きかったと言っているので[43]、乾が独自に閃いたということでもないのだろう。それはともかく、たとえば乾が手がけた建築である亀岡市のみずのき美術館は、独特の質感を持ち、雰囲気を生じさせている。亀岡市内の住宅と小規模な商業施設が混在しているところに位置する白塗りのこの建築に身をおくと、コールがやはり美術家のなかで感じたのと同じような静謐な気分が、己の心身に沸き起こってくるのを感じることができる。静謐は、ただ内面的な経験というだけでなく、身体的な経験でもある。身体の緊張が緩み、そのなかにある作品と、おのずから交流していくよう促されていく。

この建築は、もともとは町家であった建物の改装だが、たしかに、柱や壁をよくみると、かつて使われていた家の分解過程で産出された木材がそのまま転用されていることがわかる。だがそれも、よくみないとわからない。むしろ、乾の建築作品を経験するときまず思うのは、とても静かな空間である、ということである。簡潔で、静かで、落ち着いていられる。緊張を強いる無音とは違う。そこは、美術館という、作品の展示と鑑賞のための空間である。だから、静けさを空間において生じさせるということが、第一に求められたのだろう。建築の経験においては、形態的な美や意味、都市の意味論的な文脈との照応といったことはじつはもう第一義的ではなく、重要なのは静謐で、しかもこの静謐が空間の質として実在するかどうかが重要な価値となっていることが、作品において、示されている。空間の静謐が、人がいて、作品を展示し、鑑賞し、かかわりあうという営みの条件として、つくりだされている。

坂部が述べていたように、私たちの生きている世界では、正気は去りつつあって、ふるまいは醜悪になり、人心の荒廃もすすんでいると考えることはできる。この醜悪、荒廃を、耐え難いと思う人もいる。私もそうだが、それは新しい事態なのかと言われると、私には、そうとは思えない。坂部が述べていたのは、一九九〇年代である。正気は、すでに二〇年前に去りつつあったといえるだろうし、トイレットペーパー騒動が起こったのは四〇年前のことである。現在は、ここ四〇年来進行していた事態が、さらに徹底化した状況にあると考えることもできる。四〇年のあいだにも、何が問題であるかを考えている人はいた。今できるのは、彼らの思考を継承し現代的な展開を試みることである。

静謐が大切である。そしてこの静謐は、空間の質という、アレグザンダーが提示した問題にかかわる。乾久美子の作品に共感したのは、この質をめぐる思考と実践の模索の痕跡を感じたからである。

第三部

第一章　巨大都市化と空間秩序

マッシモ・カッチャーリは、二〇〇二年四月に東京で開催されたシンポジウム（「都市の政治哲学をめぐって」）の基調講演で、「都市の歴史とは、空間の組織化の多様な形態の歴史にほかならない」と述べた。彼は、近代都市を、中世都市の空間秩序に「アプリオリなる『秩序』を、アプリオリなる『形式』を強要する」ものと定義する。その秩序、形式は、「工場と市場、すなわち生産の空間と交易・消費の空間との間の相乗作用に基礎を置いたもの」であり、生産／消費の領域が拡大すれば、近代都市も拡大していく(1)。カッチャーリの都市の概念は、ドイツ出身の哲学者であるゲオルク・ジンメルの「大都市と精神生活」という文章を踏まえたものである。一九〇三年に書かれたこの文章でジンメルは、ベルリンが大都市になっていく過程で人間の心身がいかなる影響をうけていくかを哲学的に論じるのだが、これをもとにしてカッチャーリは、「大都市は、社会的諸関係の合理化の過程を前提とする、一般的な形式である(2)」という見解を導き出す。合理化は、貨幣経済という、交換価値に基づくものに依拠しているが、それが日常生活を律するものとして確立されていくというのが、ジンメルのいう大都市化であった。そこでは、「驚くべき出来事の可能性をあらかじめ除去する、合理的に計算された諸関係のシステム(3)」が、成立していく(4)。

戦後日本でも、都市をめぐる思想は、近代都市の拡大過程にいかなる形を与えていくかということをめぐって展開していた。都市の巨大化は、戦後の日本列島では、大きな問題であった。都市人口の増加、住宅難、スプロールという状況が、都市環境の無秩序化をもたらし、居住環境の劣悪化をひきおこすということを、たんなる工学的な問題とするだけではなく、思想的・人文学的な問題として提起したのが、丹下健三であり、メタボリズムに集結した建築家やデザイナーたちであった。彼らは、都市が無秩序化していく状況にあってなおも都市が可能であるとしたらそれはどのようにしてであるかという問いに答えようとした。巨大都市化という状況において、「空間の組織化」という課題を提起し、現実に解決案を提示しようとした点では、評価されるべきである。丹下やメタボリズムの建築家たちが、「空間の組織化」という問題にどのように取り組んだのかを検証するということが求められる。

ただしそれは、かならずしも、彼らの試みが完全に正しかったという結論を導き出すということを意味しない。安易に結論を導き出すということよりも、彼らがいかなる状況に置かれていたか、その状況をどう捉えたか、どのような問題を提起したかについて思考を巡らすことが求められる。空間の組織化が可能であるという信念は、どのような思想に基づくものであったのか。

都市の巨大化と空間の操作

丹下健三とメタボリズムに連なる建築家たち（黒川紀章、浅田孝、菊竹清訓など）は、巨大都市化は不可避であり、それが都市生活者たちの存在の根底を規定するものであると考え、「東京計画一九六〇」や「塔状都市」をはじめとする前衛的な都市像を構想した。メタボリズムの一員でもあった建築批評家の川添登は、「未来の都市は、人間的尺度をはるかに超えた、スケールやスピードなどが、（例えば、マンモ

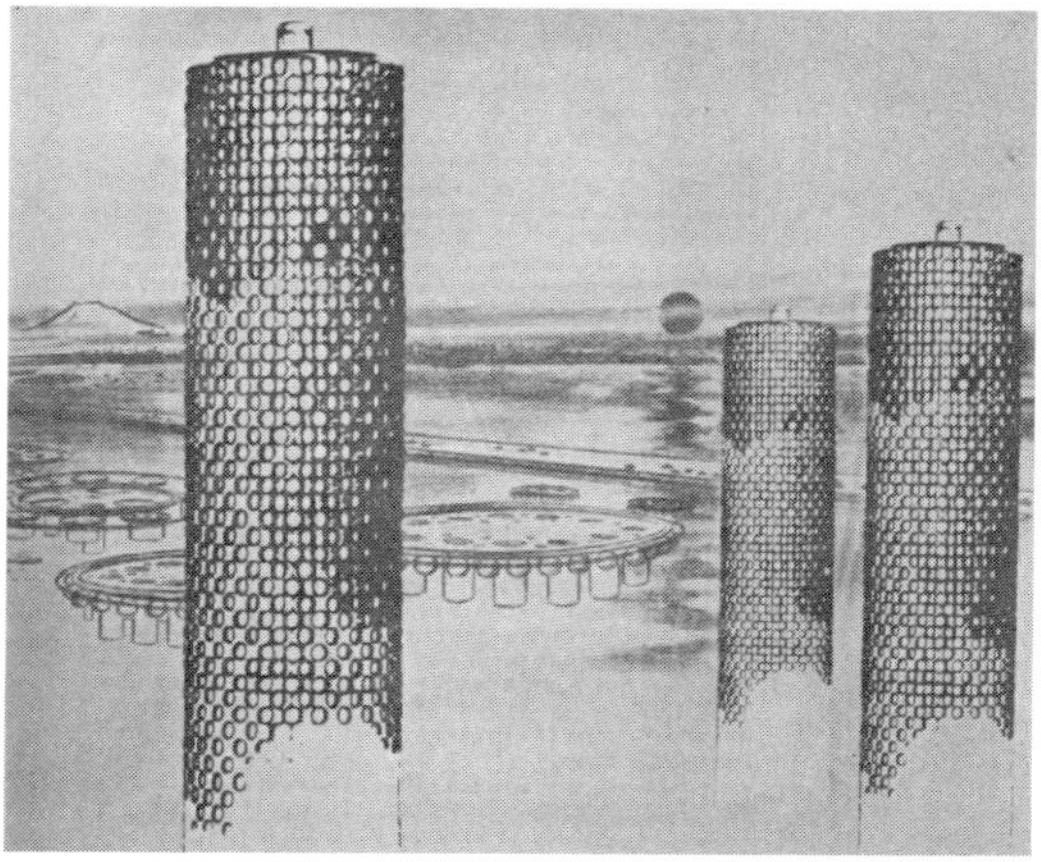

菊竹清訓の「塔状都市」、『メタボリズム１　1960』、美術出版社より

ス・ビル、スーパー・ブロック、あるいは高速度道路など）いや応なしに入ってくるだろう。そのような超人間的（ということは非人間的ということでもあろう）な巨大性——スケール、スピード、そこから生じるスピリットの三S——と人間とをつなぐなにものかを発見しなければならない」[5]と述べている。川添のみるところ、近代都市が人間的尺度を超えた巨大都市へと拡張するということは必然であり、そのこと自体問題ではない。問題なのは、この巨大都市化と人間の生活領域をいかにしてつなぐか、このつなぎめをどのようなものとして組織化するかである。

　現在でも、巨大都市化は続いている。だが、丹下やメタボリズムの建築家たちが考えたように、巨大都市化の組織化はなおも可能と考えることはできるのか。カッチャーリは、二〇〇〇年代あたりから、「空間の組織化」が迷走していると述べている。「一線を越えた近代都市のこの肥大は、より漸次的、より偶発的で、ますます計画性のない、統治不能なものとなるのです。このようにしてメトロポリスの『神経網』が拡張し、周囲のテリトリーを食い尽くせば尽くすほど、都市の『精神』は道に迷ってしまうようです」[6]。

　都市の肥大が一線を越えると統治不能に陥るということは、空間の組織化ができなくなるということである。空間を構築していく秩序化の原理が、無効になるということである。都市に境界を与え、形を与えることができなくなれば、ただ無秩序な拡張が進展していくことになるだろう。しかも、組織化を欠落させた拡張は、閉鎖空間の成立へと帰結していく。大阪北部で造成中の彩都は、複数のデベロッパーがそれぞれに限定された領域内に分譲マンションや建売住宅を建設し販売するという形式でつくられている。これらは、とくに分譲マンションのエリアにおいて顕著だが、いずれもが閉鎖的である。たとえ敷地内にオープンスペースがあるとしても、マンション内の住民に限定されたオープンスペースである。これを閉鎖空間と捉えることが可能である。カッチャーリは、「複数の機能を内包することで自己の内部に『閉じこもる』」状態と言い表す。(7) このような閉鎖空間が、相互連関を欠落させたまま集合している状態で、宅地造成された領域がなおも拡張している。これが「空間的危機」であるとカッチャーリはいう。(8)

彩都のマンション群

「空間的危機」をどう考えたらいいのか、こうなってしまった状態においてなおも都市は可能なのか。カッチャーリの議論から導き出されるこうした問いに答えるためには、戦後日本で近代都市がどのようなものと考えられてきたのかを、振り返ってみる必要がある。空間を近代都市へと組織化していくことの論理は、どのようなものであったか。それがどのようなものとして思考されてきたか。

このことを考えるうえで重要なのが、浅田孝である。丹下健三の参謀ともいうべき浅田は、一九六〇年の「世界デザイン会議」の事務局長を努め、それと前後して経済企画庁に関与し、一全総とのかかわりのなかでみずからの国土観を発展させる。[9]それでいて浅田は、メタボリズムグループの一人でもあり、このグループが果たすべき役回りの本質をはっきりと認識していた。それは、「空間を操作する思想」を打ち出すことである。[10]

空間を操作するとはどういうことか。浅田の『環境開発論』は、一九六九年に刊行されたが、ここで提示されているアイデア(「環境創造のシステム」)は、ミクロからマクロへといたる生活空間を変えるとはどういうことか、そもそも生活空間とはどのようなものであるかをめぐって、原理的に考えるところから導き出されたものといえるだろう。何よりも重要なのは、浅田が当時主流であったニュータウン型の開発に批判的で、ニュータウン型の開発とは異なるものとして、空間の操作というものを考えようとしていた、ということである。

浅田は、カッチャーリのいう近代都市の空間秩序とは別の新しい秩序原理を、考えようとしていたのかもしれない。そうだとしたら、近代的な空間秩序が崩壊し、拡張と閉域化が同時進行するという状況において、なおも新しい空間秩序をつくりだすことが可能だとしたら、そのためのアイデアは、浅田の思考の成果のなかに含まれているということになろう。

浅田がいったい何をいおうとしたのかは、まだ十分に理解されていない。その理由は、浅田が何を批判し、その克服をいかにして試みたかということが、よく理解されていないことに求められる。それは、近代都市の原理、浅田のいう「官制都市計画」である。だが、浅田の批判は、たんに秩序を破壊して無秩序の肯定へと向かうといった単純なものではなく、官制都市計画の秩序化の原理の硬直性を原理的な水準で捉え、その硬直性を克服する論理に立脚する別の秩序化の方法論を提案することを目指すものだった。

浅田は、みずからの空間の操作が依拠する論理を明示的に述べていない。浅田が明示的に述べていない論理を定式化し直すためには、彼の著作を読むだけでなく、彼が対抗した秩序の背景にあった論理が何であったかを把握しながらそれとの違いを明確化し、彼の同時代における秩序形成の思考と模索の試みから摂取しようとしていたものが何であったかを明らかにしていく必要があると、私は考える。

以下の考察では、浅田が何を問題としたか、それにどのような思考方法で立ち向かったかをおさえ、そのうえで、この問題がいかなる時代的文脈に置かれていたか、その文脈において、いかなる秩序との対抗関係が設定されていたのかを検証していく。この対抗関係から独自の論理の発展をこころみた浅田は、同時代の建築理論家であったクリストファー・アレグザンダーに関心をよせたというだけでなく、その知見を摂取しようとしていた。それは、アメリカ発の新しい思想をただ新しいからというだけの理由でなんの脈絡もなしに導入するということではない。戦後日本の都市開発という、みずからを規定した具体的な問題状況への考察を進めるための摂取である。浅田とアレグザンダーが共有したものが何であったかを問うことで、浅田の空間秩序の論理が明らかになるのではないか。ただし、繰り返しになるが、そうした問いに取り組むためには、浅田が対決した社会秩序の論理がどのようなものであったかを問うことが欠かせない。

全体論的な空間秩序　浅田孝と高山英華

『環境開発論』の序文で、浅田孝はこう述べている。

人類社会は全く新しい環境の開発とコントロールの必要に直面しているといわなければならない。

これまではどちらかというと、いつの間にかでき上ってしまった状況に対して環境という名を冠してきた。だが文明の転換期といわれる今日では、どのような環境条件の下で、自己淘汰を完成しようとするのかが問われなければならないし、それはわれわれ現代人が創り出そうとするものとして、問題にされなければならない。

この新しい環境認識は、何よりもまず、長い文明史を縦に貫いて流れる人間の内的な世界と、人間個体や集団をとりまく外的な物の世界との間の、相互干渉に着目する。(11)

浅田は、人間の内的な世界、行動様式が、環境世界との相互干渉において形成され、変容すると述べている。外的な環境がどのようなものであるかによって、個人ないしは集団のあり方が変わってくる、というわけだ。そして浅田のみるところ、環境は、定まった与件として存在しているのではなく、人為的に開発され、改変されることの可能なものとして、存在するようになっている。人間は、みずからの個人的・集団的なあり方を、自分たちをとりまく環境世界の変化をつうじて変えることができる。それは逆にいうと、個人的・集団的なあり方の変化は、環境世界の変化と一体的になることでしか可能にならないということでもあり、環境世界が変わらないなら個人・集団のあり方も変わらないということでもある。

浅田がこのように述べていたとき、環境世界の開発の実状は、どのようなものであったか。戦後日本ですすんだ環境開発の典型的なものの一つが、ニュータウンであった。大阪府の北部に位置する千里ニュータウンが、その嚆矢である。開発計画の公表は一九五八年、起工式は一九六一年であり、一九七〇年（大阪万博開催の年）の千里中央地区センターのオープンを完成とみるならば、千里ニュータウンの開発は、浅田が『環境開発論』のもととなる文章を書いていたのと平行して進んでいたということになる。

ニュータウンは、工業化の時代の産物でもある。砂原庸介が述べているように、大阪府の開発事業の中心にあったのは、「千里・泉北ニュータウン建設事業と堺・泉北臨海工業地帯開発事業」であった(12)。これも環境開発の一つの産物といえる。だが、一九六〇年代において問われた環境開発という問題にたいする解決として、ニュータウンは適切なものであったのか。浅田は環境開発を、「新しい共同体意識や近代的な自我、つまり、内に閉ざされたものではなくて、外に向かって開かれたところのこの新しい共同体意識と自我(13)」をつくりだしていくべきものとして構想したが、ニュータウンは、この構想を現実のものとするうえで、最適な環境であったか。

戦後日本のニュータウンを導いた建設思想は、浅田が提唱していた環境開発の思想とは、異質のものであった。浅田は「環境創造のシステム」の生成が、都市環境をつくりだしていくと考えていた。クリストファー・アレグザンダーを高く評価し、みずからの思想をこれと連動するものとして定式化しようとしていたことからもあきらかなように、環境創造のシステムにおいては、構成部分の相互作用とそこからの自生的な秩序形成が重視されていた。

これに対し、戦後日本のニュータウンは、全体が部分の総和を一方向的に規定するという、全体論的な秩序思考に基づくものであった。千里ニュータウンの計画策定にかかわった高山英華は、一九五三年に書かれた論考である「住宅と社会生活」で、次のように述べている。

住宅はこれをなるべくまとめて集団的に計画的に建設することが望ましい。このことは現在では世界の常識である。これはただ建設の費用が節約されるというようなことだけではなく、日常生活に必要ないろいろの施設を同時に計画できるし、住宅地が都市の一部として有機的に組織化されていくという点で、極めて重大な意味をもっている。(14)

高山は、個々の住宅の総和が集団的な住宅地という全体を形成すると考えている。そして、住宅という個と、集団的住宅地という全体は、個という部分が有機的な組織体という全体へと組み入れられ、そこに従属するという関係構造で結ばれている。

クリストファー・アレグザンダーは、ニュータウンの構造を、ツリー状のものと把握した。構成要素のあいだにおける水平的な関係はなく、すべてが互いに切断された状態にある。この切断された要素が、階層序列的に構造化されて寄せ集まった状態において成立している都市が、ツリー都市である。個室が切断された状態で寄せ集められると住宅になり、住宅が切断された状態で寄せ集められると団地になり、団地が切断された状態で寄せ集められると近隣住区になり、近隣住区が切断された状態で寄せ集められるとニュータウンになる、というように。

この捉え方はけっして間違っているわけではないが、高山のいっていることがいかなる歴史的過程からでてきたのかを探ってみると、それほど単純ではない。高山は、日中戦争のとき、大日本帝国の影響圏内にあった中国大陸の大同の都市建設の計画策定にかかわっている。一九三八年のことである。『プロジェクト・ジャパン』には、高山が、ソ連やヨーロッパの都市計画モデルにならって「都市計画を実現できるということが非常な魅力」であったということを後年認めたと書かれているが、大同が日満支の産業計画の一環として開発されるということに自覚的であったということも書かれている。(15)そのマスタープランは、ツリー状である。部分がその上位の集合へと階層序列的かつ線形的に包括されていく果てに全体が成立するという構造であるが、その秩序観は、戦後において提示された集団的住宅地の背景にあるものと、同形である。

中島直人によれば、高山は一九三八年に『外国に於ける住宅敷地割類例続集』を完成させたが、その「解説」で、「集団的住宅地全体の計画研究」が重要であると述べていた。中島はそこに「住宅より住宅地、住宅地よりもそれを規定する都市計画という志向が見て取れる」と述べている(16)。個を階層序列的に含みこむ全体という秩序観は、この時点で確立されていたのだろう。

高山の思考の根幹にある秩序観は、戦時中の日本において成り立っていた社会秩序のありかたに、深く規定されていたのではないか。これを問わないかぎり、ニュータウンとは何であるかは本当のところ理解できないし、これの批判的克服を目指す浅田の環境開発の思想がいったい何であったかも、理解できない。そうすることではじめて、浅田の環境開発の思想の現代的な意義を確認することができるであろうし、それをもとに、新しい生活空間の構想のための指針とすべき社会秩序の理論的・哲学的な定式化が可能になるだろう。

社会存在の論理　田辺元の社会哲学

高山と浅田に共通するのは、全体論的な思考法である。部分の総和が全体を形成するという秩序観は、両者において共有されている。ただし、高山の思考においては、部分が全体に従属するという関係にあるのに対し、浅田の思考においては、部分と部分の相互作用が全体を創発するという関係にある。

その違いは、彼らがみずからの秩序観をつくりあげていった時代状況と、関係があると考えることができる。つまり、一九三〇年代と、一九六〇年代である。いずれの時代にも、全体論的な社会秩序観が形成されていたのであるが、ではいったい、それはどのようなものであったか。以下では、そうした秩序観を論理化した思想家の議論を検討しつつ、それを明らかにしてみたい。

まずは、一九三〇年代だが、その時代において、全体論的な社会哲学を論理化した代表者が、田辺元であったということは、さしあたり周知の事実といえるだろう。田辺元の「社会存在の論理」は、個と全体の関係において、社会を論理化しようとするものであった。田辺は述べる。「真に具体的なる社会存在は、それと対抗しそれを否定して自己の独立自主性を主張せんとする個と対して、一方個を否定し殺すと共に他方個を包み個を生かす全たる性格を有するものでなければならぬ[17]」。田辺のいう社会存在は、個と対抗し個を否定する側面を有し、個とは独立の実在性を有するものと捉えられている。さらに、個を包み、個を生かすものとされるが、個に対し包括的で、その存在の基盤になるものとして、捉えられているといえるだろう[18]。

だからといって、個は、この全体としての社会存在に対し、ただ統制され、完全に従属するという関係にあるというのではない。「全は個を統制しつつこれを生かし、個は全に対立する自発性独立性を有しながら全を成立せしめる要素たるのでなければならない[19]」。個は、全体とのかかわりにおいて自由である。ただし、この自由は、全体から完全に切り離された状態を意味しているのではない。田辺は、「個に内在する種が個の存在の原因であり、従って真の存在は根源的には個でなくして種であるといわなければならぬ[20]」と述べている。田辺にしてみれば、全体から完全に切り離された状態で個が存在しうるという想定は、成り立ち得ないということになろう。

だが田辺は、「種が個の対立を俟って始めて種たりうる」と続け、「種から個を導き、種のみを真の存在として個をそれに従属しそれから派生せられたものとするのは、かえって種を没却することに外ならない」と述べている。種と個の関係は、個が種において存在しつつも、個が完全に種へと従属するということはなく、そこから独立しつつ、対抗しうるものとして存在するというように、己の真の存在である種に包まれながらそこから独立するという矛盾した関係にある。

田辺の社会概念は、全体論の一種として、捉えることが可能である。ハーバート・サイモンは、全体論が、第一次世界大戦後の思想潮流に特有の思考であると述べている。第一次大戦後、「ゲシュタルト」や「創造的進化」への関心が芽生え、第二次大戦後には、「情報」や「フィードバック」や「サイバネティックス」という概念が現れてきた(21)。とするなら、田辺の全体論的な思考は、第一次大戦後のホーリズムへの関心と、同時代的なものであったといえるのではないか。

ただしサイモンの関心は、「複雑なシステム」に向けられている。サイモンのいう複雑なシステムは、「多くの相互作用をともなう多数の部分で成り立つもの(22)」のことである。それは、部分の総和というよりはむしろ、部分の相互作用から成り立つもののことである。複雑なシステムにも、それを構成している部分から独立している実在性がそなわっているが、ただし、この実在性は、部分に対して包括的な有機的秩序といったものではない。全体は個と階層序列的な関係にあるのではなく、部分部分の相互作用の集合から創発してくるものという関係にある。

部分の相互作用から秩序が形成されるという考え方は、アレグザンダーが「都市はツリーではない」で提示した「セミ・ラティス」都市の考え方と思考方法を共有している。アレグザンダーは、部分が相互に分離されている状態をツリー都市と捉え、その不自然性を問題化し、それを乗り越えるための方法として、部分相互の重なり合いの集合というセミ・ラティス都市のモデルを提唱したのだが、ここでいう重なり合いは、部分の相互作用のことである。[23] アレグザンダーのいう重なり合いは、往々にして、切り離された部分のつながりというようにして把握され、多様性、交通といった概念と結合される傾向にあった。そうすると、多様性や交通が頻繁に生じる「あいだ」としての空間（広場や街路など）を実体として作り出せばよいということになるが、それがはたして本当にツリー型都市を乗り越える都市モデルの提唱につながるのかは疑問である。相互作用は、交わり、多様性、交通といったことは区別されるものとして、厳密に考えておく必要があるのではないか。[24]

ところでサイモンは、全体論の展開過程の概観を踏まえ、複雑なシステムは部分の相互作用であるという定義を導き出したが、これに対し、田辺の思考で問われているのは、全体と個との関係である。複数の個の錯綜した相互連関ということは、重視されていない。そこには、一九三〇年代の日本国家という、地政学的・時代的な制約もあったといえるのではないか。サイモンが、個々の要素の相互作用の錯綜体として全体性を考えることができたことの背景にあった経験は、田辺とは異なっている。全体性という概念をめぐって思考していた点では同じであっても、その秩序観が違っているのは、この経験の違いと無関係ではないだろう。

なお、都市空間を論じるにあたって何ゆえに田辺が重要であるかと疑問に思う人もいるかもしれない。田辺と同時代にあって空間を論じたのはむしろ和辻哲郎ではなかったかと考える人もいるだろう。田辺が重要であることの理由はまず、じつは田辺も空間論を展開していたということがある。それは後に、藤田正勝の論文を踏まえて議論してみたい。さらなる理由は、田辺の「社会存在の論理」が、一九三〇年代において進んだ「近代の生活領域への浸透の過程」を、空間性のあるものとして捉えようとした議論として読み解くことが可能であると考えるからである。近代化は、ただ人間の思想だけでなく、科学技術、法制度、経済システム、都市計画というように、生活の場において具体物の変容をつうじて進展したが、これを田辺は、全体と種と個の相互的媒介の論理の観点から捉えようとした。近代が生活へと貫徹するとは、生活において一つの秩序が課されていくということである。田辺はその秩序化を、風土性などという曖昧な実体に頼ることなく、論理において捉えようとした。それは、風土性なき空間性の論理であるが、田辺の思考は、当時の日本国家において浸透し、さらに日本国家の範囲の拡張にともない広まっていった近代の生活経験の基礎にある潜在的な現実に肉薄していた。そしてこの空間性の論理は、一九四五年以後にも存続していたのではないかと、私自身は考えている。つまり、ニュータウンの空間秩序の基礎となる論理として、存続していたのではないか。田辺はその端緒を捉え、論理化しようとした。ゆえに田辺は重要であると私は考える。

都市像の変遷　相互連関の錯綜体へ

アレグザンダーは、「ツリーは思考法として秩序だっていて美しく、複雑な全体をユニットに分割するという単純で明快な方法をもたらしてくれるが、自然にできあがった都市の構造を正しく表さない」のにも拘らず、何ゆえにこのような秩序にしたがう都市ができてしまうのかと問いを立て、(25)そのうえで、「遭遇する様々な事象の間に障壁をつくって、複雑な問題をできるだけ簡単にしてしまわなければならない人間の思考能力に原因がある」(26)と述べている。

ツリー構造は明快であり、この構造が実現化した生活環境としての都市もまた明快である。だが、曖昧なもの、複雑なものを忌避して無視したいという心的傾向の反映がこの秩序であるというアレグザンダーの見解は、はたして的確だろうか。この見解が的確であるとするならば、都市計画にかかわっている人たちの都市への無理解、曖昧なもの、複雑なものへの不寛容が問題であるということになる。

高山英華が提示する集団的住宅地の論理が貫徹された帰結の一つである千里ニュータウンは、ツリー都市である。だが、それが現実の複雑性を単純化するというモデル思考から導き出されたとみなすのが妥当であるかは疑問である。この形状がいかなるものかは、それを生み出す思考を心身の深いところで規定する論理にまで遡行してはじめて捉えうるのではないか。

つまり、たしかに高山の提示する都市像は、抽象的な形態として構想されたと考えることもできる。だがそれは、現実から遊離しているという意味での抽象性というよりはむしろ、哲学的な洞察にもとづく理想主義的な観念に固有の抽象性というべきではないだろうか。つまり、高山が提示する有機的秩序としての集団的住宅地は、田辺が社会存在の論理を定式化しようと試みていた時代状況で掴み取られた抽象ないしは観念としての理想主義的な都市像であったと、考えることができるのではないか。とするならば、これの実現化を試みる機会となったのが一九三〇年代の大同であり、現実にそれが貫徹されたことの帰結が一九六〇年代の千里ニュータウンであった、ということになろう。

ところで、ニュータウンについては、均質、排除、非人間的、無機質といった観点から議論されてきたが、ニュータウンを成り立たせている秩序を論理のレベルで把握するという原理的な思考は、それほど多くない。浅田孝が重要なのは、ニュータウンが現実化していく状況に対し、論理のレベルで対抗しようとしたからである。

浅田は、アレグザンダーの研究に注で言及しつつ、次のように述べている。一九六〇年代の都市の理論の発展は、「これまでの単純な建築家や都市計画家たちの素朴な理論が、ほとんど役に立たないことを示しており、今日の都市問題を解決するためには、システム解析に基づいた、より高次の抽象化と形象化とを通じて、有効な生成システムを創り出し、その自己拡大作用を通じて物的社会的変革を押し進め、新しい全体的なシステムに到達する以外にないことを示唆している」[27]。浅田は、高山の理論をも含めた都市の理論が現実世界の動きに対応できず限界に達しており、ゆえに乗り越えるべきものであると考えている。

浅田は、創造される環境における重要な価値が「新しい共同体意識と自我」の実現にあると考えていたことからもあきらかなように、都市の問題を、現実にそこで生きている人間の立場からも考えていた。だが、このようにして考えるときも、都市生活を、都市環境という論理に媒介された構築物とのかかわりにおいて営まれるものと捉えていたのではないか。論理的な構築物である都市環境との相互的関係のなかで営なまれている都市生活もまた、素朴な直接的実体というだけではなく論理的なものであるということになろうが、とするならば、アレグザンダーのいう都市生活の複雑さや曖昧さや混沌といったものも、論理的に捉えるべきであるということになる。

浅田は、論理性を方法の次元で確立しようとしていた点では、高山たちと立場を同じくしていた。ただし高山とは異なり、都市という全体性を、全体と個との垂直的な階層序列としてではなく、さまざまなレベルでの相互的関係の錯綜体として論理化しようとしていた。「都市はすぐれて錯綜した社会的空間的なシステムである」[28]ということが含意するのは、多様な要素の相互的関係が複雑化し集合化するところにおいて都市が形成されていく、ということである。

それは人間の内的な世界と外的な世界との相互干渉であることもあれば、都市を構成するさまざまな空間相互の関係でもある。浅田のモノグラフを著した笹原克は述べている。「空間を構成する要素が増えるほど、他の空間の要素との関係が大きくなり複雑になってくる。この空間を『都市』と考えると、都市を成立させているさまざまな要素が他の都市の要素と強く関係性を持ち、〝相互関係が強く〟なっていく」[29]。この論理を徹底するなら、都市自体も、他の都市と相互的に関係するというようにして、相互連関の錯綜は際限なく拡張するということになろうが、実際、浅田は世界規模の人工都市化の傾向性を、そういった錯綜体の拡張として把握していた。それはただ日本列島の内部に限定されることのない、世界性をもつ運動である、というように。「わが国ではいま、これまでの農村・都市の併行進化に終止符が打たれ、定住の領域に全面的な生活の都市化が進行し、独特の濃密経済社会に移行しようとしている。また世界的に見れば、人類社会の経済的なネットワークを組織化し、その上にのって派生してくるさまざまの集積の不利益を乗り越えて、大陸の縁辺に世界都市の網目を形成するようにみえる[30]」。

浅田のこうした論理は、どのような哲学に根ざすものであったか。高山がみずからの都市観を醸成したとおもわれる一九三〇年代の時代経験を論理化した田辺の試みに対応する哲学は、どのようなものであったか。笹原は、浅田が残したノートから、「不確定性原理」「動力学的均衡」「シャノンとウィーナー」といったキーワードを抽出する[31]。これらの言葉は、一九四五年以後のアメリカで盛んになった、カオス、複雑系といった理論にかかわるものである。また、浅田が評価したアレグザンダーも、システムズ・アプローチや情報理論、グラフ理論に精通していた。こうしてみると、おそらくは彼らは、戦後アメリカの情報科学、経済理論、社会哲学から、多くを学んでいたのだろう。

アメリカ本国でそれを厳密に体系化した一人が、ハーバート・サイモンであった。サイモンは、人工物の科学という考え方を提唱しているが、これは都市環境を考えるうえで重要である。サイモンによれば、人工物とは、複数の構成要素を人間が組み合わせ、総合していくところにおいて成立するものであり、特定の機能、目標、適応といった観点から形成される機械状の集合体である[32]。そして人工物は、

「内的な」環境と「外的な」環境のインターフェイスに形成される。浅田も、人間の内的世界と外的世界の相互干渉に着目することの意義を強調していたが、サイモンは、人工物というものがそもそも、インターフェイスの領域において形成されると考えていた。人間集団の生活形式は、それが作動する外的な環境世界のただなかで、一定の目的にしたがって形成されていく。人間が外的世界に適応しつつ、みずからの目的を充足させていくためには、外的世界と人間生活の両者のあいだで作動し形成されていく生活環境としての人工物が適切なものとして作り出されることを要する[33]。

この人工物には、ニュータウンという環境世界も含まれると考えることができる。外的な環境世界のただなかで、自分たちの生活圏域を拡張し、どこであっても生きていけるようにするために開発された産物としての人工環境のひとつがニュータウンであった、というように。

浅田が構想していた環境開発論に対応する社会存在の論理は、サイモンが打ち出していたと考えることが可能である。サイモンは、人間社会が人工的なシステムであるという洞察を示しつつも、それが中央集権的な計画によって統御できる対象ではないと考えていた。社会の設計は計画可能であり、単線的に予見可能であるという考え方を、サイモンは斥ける。彼が提唱するデザインは、複雑なものを結合し、設定された目的にふさわしいものとして作動する環境へと、人間社会をつくりあげていく営みであるが、これは、計画とまったく異なるものとして構想されている。

サイモンの念頭にあったのは、おそらくはソ連である。ソ連を成り立たせていた哲学である計画主義に対抗可能な社会理論を考えていたのではないか。つまりサイモンは、「計画者のいない秩序」が可能と考えた。人間身体やエコシステムのような自然のシステムが自己調節的に成り立つのと同じく、人間社会という人工的なシステムも、自己調節的に成り立つという考えである。ただし、人工世界の自己調節性という考えが、普通の人にはなかなかなじまないものであることも、サイモンは理解している。建築の学生を相手に中世都市の見事なまでにパターン化されたシステムは無数の個々の人間の決定の積み重ねに対応していくようにして成り立つと説明したときの反応についてサイモンは、こう述べる。「建築の学生にとって、パターンは、計画者に由来するものである。すなわち、自らの内面に構想されたパターンであり、自らの手で実行されたパターンである」[34]。サイモンの思考の基本には、計画主義的発想に対抗可能な秩序への信念がある[35]。

計画主義に対抗しつつ、社会存在の論理を構想するというサイモンの試みは、じつは田辺とそれほどかけ離れているわけではない。田辺は全と個の垂直的な関係を中心に問い、個を包括する全体性の哲学を構想したのに対し、サイモンは、諸要素の複雑な相互関係から全体が創発するという構想を示した。そのかぎりでは、異なっている。だが田辺も、複雑系理論の創始者の一人といわれるアンリ・ポワンカレの『科学の価値』を訳しており、複雑なものの相互作用というアイデア自体は、共有されていたと考えられる。さらにもう一つ、田辺もまた、計画主義の基本にある唯物史観に対抗しつつ社会の哲学を提示しようとしていたのであり、その点でも、サイモンと立場を同じくしていたのではないか。

すなわち田辺は、社会存在に論理があると考える。ただし、ここでいう論理は、計画主義の基本にある唯物史観の目的論とは異なる。田辺のみるところ、唯物史観の目的論においては、共通の法則があり、一般的な原理が支配するという想定がある。この想定のもとでは、社会は「主観に模写せらるる客観、ないし、主体に変革せらるる客体」と考えられる。

これに対する批判としては、社会には法則性もなく、ただ直接的な実体としての、素朴な事実しかないという立場もあり得よう。だが田辺は、そのような立場もとらない。彼の立場はあくまでも、社会には論理があるというものである。論理は、型として存在している。素朴な実在ではないが、だからといって、現実から切り離されたところにおいて存在する客観的な法則のようなものでもない。人間の内面性にのみ存在する、心理的なものでもない。それは、「意味了解的主観により観念上理想型として想定され、現実には多少とも不純不完全なそれの実現を見出すに止まる」ものである。田辺のいう理想型とは、現実の社会に即した主観が、そこから型として、ないしは関係構造として見出したものを、思弁の作用でモデルへと提示していくことにより社会的現実へと働きかけることをつうじて形作られるもののことだと考えることができる。

そうであるならば、「客体的なると同時に主体的なる存在であり、したがって主観的なる意味を表現する客観」ということの含意は、社会とは、思考という主観的作用が、社会の論理を、型として造形していくところにおいて存在するようになるもののことである、ということになろう。

また田辺は、現実には、こうした型として造形された社会なるものが、不完全なものとして実現されると述べているが、これはつまり、思弁の作用がつくりだした型が、現実の社会として、不十分な形ではあっても実現されるということである。(36)

巨大化の果て

浅田孝の『環境開発論』やアレグザンダーの「都市はツリーではない」は、生活環境を変化させつくりかえていくことの方法論を理論的に定式化しようとするものであったが、現代においては、これらをあらためて出発点にする必要がある。ニュータウンに典型的な階層序列的空間秩序からの転換は、今こそ本格的に求められている。生成システムの構想である。

この環境の変化への働きかけは、対象物として操作可能なものとしての環境に対する働きかけというだけではなく、そこで成立しているものとしての社会をも変えていく働きかけとして実行されなくてはならない。そのためには、社会とはどのようなものであるかを、論理化しなくてはならない。

田辺は、社会存在の論理に社会が基づくということ、この論理から、社会がつくりだされるということ、すべてが論理に媒介されていることを論じた。彼の根本的な問いは、この論理がどのようなものか、であった。個人の尺度を超えた国家という実在の統制力が高まると感じられるなか、それと個人との関係の論理構造を言語化するという田辺の試みは、今こそ、見直されてしかるべきである。そこで現実に人間が生きているという不確実かつ予測困難な状況において、それでも、社会的な活動を営むことの条件となっているようなものに、何らかの論理があると想定することでみえてくるもの、これが社会存在の論理である。社会存在の論理は、素朴な経験的事実の集積だけで社会が成り立つと考える立場とは、異なっている。この経験的事実の集積を法則化するというのとは違う、思弁的な営みによってしか、社会存在の論理は把握できない。それを田辺は、国家と個との関係のなかに、みいだそうとした。

現在、私たちは、ただ国家といってしまうのではとらえがたい錯綜した集合体において生活を営んでいる。それは、多国籍企業、金融、ネットなど、国家の枠を超えていくものの錯綜体だが、この集合体の論理を把握することが、現在の課題だろう。そして、都市もまた依然として、個人の尺度を超えた、巨大なものである。それは容易に見通せないものとして、広漠に広がっていくという意味での巨大性である。

小さなもの、局所的なものに依拠し、身の回りに自分たちで自足できる領域を確保しようとするだけでは、現代における社会存在の論理の把握は不可能である。ティモシー・モートンは、一九六〇年代以後の環境保護運動が「小さなものは美しい」という言葉に象徴されるローカリズムであったと指摘するが、それが限界に到達しており、現代においてはむしろ、世界を巨大なものとして考えることが重要と述べている(37)。

巨大であるとはどういうことか。戦後日本の建築家たちは、巨大都市というものを考えた。それは一つのコア、軸に立脚して、一元的に見通せるものとして都市を考えるということであるが、現在は、そういった一次元的な展望が、むずかしい状況にある。それでも、都市が巨大化するという現実は否定しようがない。近代都市の秩序は崩壊し、ゆえに、秩序化で拡張を統制することはむずかしいのだが、それでも、秩序を欠いたまま、都市は巨大化していく。

都市が拡張することに対して全体論的な秩序を課すということが引き起こす硬直性を批判した浅田孝やアレグザンダーは、都市拡張の生成が円滑に生じていくことを理想と考え、生成にふさわしい秩序を構想したのであったが、彼らは、秩序そのものが成り立たないとまでは考えなかった。時空を律する等質的で透明な理想的秩序があるという信仰。西洋近代との出会い以降の日本では、この信念が長らく維持されてきた。これを信奉するか、擁護するか、それとも反発するかの違いはあっても、少なくとも、このような秩序があるということは、信じられてきた。カッチャーリのいう空間的危機は、都市を秩序が律するという想定そのものの危機である。秩序に反発し、それに対して自由で開かれた空間を抵抗の拠点にするなどといった見通しは、秩序がしっかり保たれているかぎりにおいては意味があるかもしれないが、秩序そのものが崩壊するなら意味を失う。それでも都市化は進行している。現在は、秩序とは別の水準において都市の根底を見定め、そこで形をつくりだしていくことが求められている。

藤田正勝の論文「『種の論理』はどのようにして成立したのか」によれば、田辺は、社会存在の論理を、空間論として提示しようとしていた。藤田は、田辺における空間論が、「社会存在の論理」の発表に先立つ論文である「図式『時間』から図式『世界』へ」（一九三二年）で展開されていると述べている。そこで問われたのは、「如何にして単に根源的『時間』たるものから、本質上時間に還元されざるものとしての空間を誘導することが出来るか」、であった[38]。

藤田の指摘を踏まえるならば、次のようにいうことができる。田辺は、自らの社会哲学の重要な構成要素として、空間論を構想していた。彼の空間論は、空間の外在性を洞察していた点で、重要である。つまり、内面性において持続する内的時間を根源的なものと考える主観主義的な立場に対し、田辺は、「本質上時間に還元せられざるものとしての空間」[39]を考え、そこに人間社会の基底があると考えようとした。ただし、「空間性は唯内から空間性として意識せられるに止まるものでなく、真に我と対立する他者の外在的契機が空間を成立せしむるに由り空間性が現れるのである」[40]といっていることからも明らかなように、田辺は、人間相互のふるまいや営みとは切り離された空間そのものを考えようとしたのではない。田辺のいおうとしたことを展開するなら、次のようにいえるだろう。人間の営みと交わりのなかで、空間は形成されていく。ただし、その空間の形成には、人間の相互的なふるまいに影響を及ぼすだけの外在的な実在性がある。空間には、人間の内面性が形成する表象に還元できない事物性、具体性、客体性がある。空間の外在性が、人間の内面性、ふるまいに作用し、そのありかたをつくりだす。

田辺の社会哲学は、人間社会の基底に空間を見定めていた点で、独自であった。それは、社会を、人間の内面性や時間性に対して独立の、外在的なものと捉えることである。空間の外在性を捉えたからこそ、田辺は社会を、個とは外的な関係にあるものと捉えることができた。空間から社会を考えるという立場を貫くことができたなら、おそらく、国民国家の制約に捉われることのない社会存在の論理のさらなる理論化ができたのだろうが、田辺は、空間への考察よりはむしろ、種という社会の実体の解明にむかった。

現在、田辺の思考から摂取すべきことがあるとしたら、それは、種そのものをめぐる思考としての「種の論理」というより、彼が空間を時間へと還元されることのない根源的なものと見定め、そこに社会の基底を据えようとしていたことであろう。彼のいう空間は、「存在の基底」を意味している。存在の基底という意味での空間は、どのようなことか。藤田の論文によれば、田辺は、身体の問題に強い関心をもっていた(41)。つまり、単に思考するだけの存在として人間を捉えるのではなく、身体性のあるものとして人間を捉えるという立場へと、思考を進めていた。そこを手がかりにするならば、存在の基底としての空間は、理論的認識の条件といったものではなく、そこで実際に身体が動き、生きていることの条件となる空間として、考えることができるだろう。

それは、空間秩序とは異なる。つまり、計画の産物として構築される秩序性のある空間とは違うところにおいて成り立つ、身体性とのかかわりにおいて生じる空間ということができようか。人間身体との相互的な対立的統一において、空間は成り立つ。そうであるならば、戦後日本において、ニュータウンからメタボリズムへと展開してきた空間論とは水準の異なるところで、田辺は空間を考えようとしていたということになる。言い換えると、秩序ないしは枠として考えるかぎり捉えられないものを、空間として考えようとしていた。

田辺から摂取すべきことは、もう一つある。それは、彼が空間を、世界の一つの側面として捉えようとしたことである。これにより、私たちが生きているところを、世界の一部として考えることが可能になる。

ニュータウンを、世界の一部と考えてみる。ニュータウンは、閉ざされた空間だが、この閉鎖性は、そこで生きている人たちの認識枠の閉鎖性の反映ではない。空間の閉鎖性は、みずからをその一部分として含みこむはずの世界において、生活空間が閉鎖的な状態で構築されていることの帰結である。田辺は世界を「存在の基底」と概念化した。つまり、意識や内面性から発出してくるのではなく、意識や内面性を有する人間存在を含みこむ、外在的なものである。この世界において成立した閉鎖的な区域の一つがニュータウンである。ここでさらに考察をすすめるためには、ただニュータウンという空間の閉鎖性にのみ着目するだけでなく、世界との関わりのなかで、ニュータウンの閉鎖性を理論化しようとすることが求められる。それは、ニュータウンの閉鎖性を可能にする条件を問うことになり、そして、この条件がはたして、世界のあり方からみて無理のないものなのかどうかを問うことに向かうだろう。

第二章　崩壊のふるまい／ふるまいの崩壊

ニュータウンは、効用と機能性で律された世界で人間が生きていくのは可能であるという想定のもとで建設されているが、この想定は、絶対的かつ永遠に正しいのか。

この想定を意味のあるものにする（真か偽か、それとも空論であるかを決定する）のは、現実に存在するニュータウンである。この想定は、ニュータウンの現実（ニュータウンが建設され、実在のものになっていく過程）との関連で、生じている。この想定が、ニュータウンの建設を促し、そしてニュータウンの建設が、この想定の正しさを確証していく。ニュータウンが建設され、人がそこに住み、集団的な生活形式が形成されていく状況においては、この想定は正しいものとして受け入れられ、信じられる。だが、ニュータウンをとりまく現実が変われば、想定の正しさは疑わしくなるだろう。人口減少、老朽化、廃墟化は、ニュータウンという生活空間を成立させた想定自体に再考を迫るものとして受けとめる必要があるのではないか。

この想定の検証のために、ニュータウンの現実を、次の設定のもとで捉え直してみたい。

（1）秩序（まとまり）
（2）環境（とりまく世界、質感、雰囲気、気分）
（3）ふるまい（多数性、相互的対面）

（1）クリストファー・アレグザンダーは、「都市はツリーではない」で、人間の都市を二つに区分する。自然都市（natural cities）と人工都市（artificial cities）である。前者は、時間をかけて自生的につくられてきた都市であり、後者は、プランナーやデザイナーがつくりだした都市である。アレグザンダーは、この二つの都市の違いを、それらを成立させている空間秩序の違いにもとめる。前者は、構成要素である複数の部分のあいだの重なり合いを含むようにして構成され、後者は、重なり合いを含まず、部分と部分が分離されるというようにして構成されている(42)。たしかに、人工都市は、部分と部分が明快に切断され寄せ集められているのだが、これもまた、一つの秩序といえるだろう。アレグザンダーの議論の画期性は、都市を二つの秩序のものへと分類し、人工都市の問題の核心が重なり合いの欠如にあるということを論証したという点にある。しかしながら現代においては、また別の問題が生じているといえないか。つまり、秩序そのものが、崩壊するという問題である。自然と人工に加え、崩壊可能性という状態をも、想定する必要がある。

（2）環境は、私たちが身を置き、感覚する場である。そこは、さまざまな刺激の場であり、気分を生じさせる場でもある。ティモシー・モートンの『自然なきエコロジー』は、こうした意味での環境が存在するということを読む人に意識化させたという点で画期的である。モートンは、私たちの生きているところを、次のようなものとして提示する。そこは、「出来事の起る余地のある空間であり、密度があって、具現化されていて、緊張の度合いの高められている環境であるが、完全に満たされているのでもなければ、空虚であるというのでもない。そこには潜在性の感覚が、何かが『今にも』起ころうとしているという感覚があるが、これにふさわしい用語も概念もまだ存在しない」(43)。じつは、一九六〇年代には、このような意味での環境への関心が高まっていた。佐藤良明によれば、環境が人間の心身に影響を与えることが自覚化されるようになった始まりは一九六〇年代で、それにともない思考習慣や感性の変化が進んだのが、一九八〇年代であった。佐藤は、「環境化」を、次のように定義する。「人間の思考が、もっと『思い』に揺れるようになり、『文学』も『思想』も感覚化の度を強めて『環境化』してきた」。「《場》や《ムード》に応じて変わる《わたし》が、いつも不動の《わたし》より、《社会》にうまくフィットするようになった(44)」。そしてこの「環境化」と歩調を合わせるようにして、「世界と対峙する強靭な《わたし》をつくっていた、思いのダイナミクスが弱まってきた(45)」。もちろん、一九六〇年代と現在では、環境をめぐる状況は変わってきている。その変化がどのようなものであるかを考える必要がある。佐藤は「環境化」を雰囲気や気分に人間が左右されてしまう事態と捉えたが、現在はこの傾向はより強まっている。にも拘らず、環境において生きていることへの自覚が強まっているかというとそうでもなく、また、環境への思考が洗練され精緻化されたかというとそうでもない。環境化を拒否するような思考の硬直化も、じつは進行している。

(3) 坂部恵によれば、「自己の〈ふるまい〉ないしは〈ふるまう〉自己(〈ふるまう〉私)の中には、最初からさまざまなレベルでの〈他者〉とのかかわりという、むしろひらかれた二重構造(お望みならば脱自的契機（といってもよい）が含まれている」[46]。この考察を踏まえてさらに問うべきは、このかかわりの起こる場はどのようになっているのか、である。坂部は、生活様式の近代化が「ふるまいの根づき」を困難にし、ふるまいの危機をもたらしているというのだが[47]、その根底では、ふるまいの起こる場としかいいようのない何かが、危機にあるといえるだろう。根づきの困難は、根づくことを可能とする場自体が、衰微していることに由来する。都市は、空間秩序だけでなく、このふるまいの場にかかわるものとして、捉える必要がある。そのことに自覚的なのが、塚本由晴と貝島桃代のユニット、アトリエ・ワンである[48]。

以上の設定を踏まえ、本稿では、現代の都市がどのようになっているのか、このままだとどのようになるのかを考えてみる。この考察は、「〈都市〉があらたにつくりだされるための基礎となる視点が見出せない[49]」という磯崎新の問題提起にこたえるための準備作業である。ところで、都市がつくりだされるための基礎となる視点を提示しようとしたのが、アレグザンダーである。アレグザンダーは、計画的につくりだされた人工都市には何かが決定的に欠落していること、この欠落の要因が、ツリー状の空間秩序に求められると論じた。アレグザンダーは、セミ・ラティス（複数の構成要素が重なり合っている状態）をいかにしてつくりだすかを考えることが重要であるというのだが、彼自身認めるように、セミ・ラティス像の提示は、不完全である。アレグザンダーは、近代的な都市構想が必然的にツリーになり、セミ・ラティスを実現できないということのアポリアを論理的に証明したが[50]、このアポリアをいかにして突破するかは、じつは十分に説明できていない。セミ・ラティス、錯綜、重なり合いとはどういうことか。それを問うためには、ただ秩序のレベルだけでなく、身体の相互作用の領域や、ふるまいの領域にまで、考察をおよぼせなくてはならないだろう。また、このアポリアは、人工都市が成り立っているとはどのようなことか、そこで何かが欠落しているということとき、それはただツリーであるということの問題だけなのかをさらに問いつめていくことで、解決の見通しが出てくるだろうと思われる。アレグザンダーも述べているように、伝統的な都市にそのアポリアを解く鍵を求めるのは、適切な解法ではない。

超都市・崩壊・分解

磯崎新は、現代において大都市は展開を停止し、超都市《ハイパーヴィレッジ》に変化しつつあると述べている。

> 超都市は、崩壊・融解した大都市の後始末からはじめざるを得ない。すなわち幻影の廃墟から、その一切は開始されるのである。さし当り、私たちの眼前には都市文化と呼ばれたものの瓦礫が山積みになっている。(51)

崩壊と融解が、現実に起きたところがあるとしたら、それは戦災や自然災害に見舞われた都市だろう。一九九五年に起こった阪神淡路大震災は、近代都市が崩壊するとはどういうことかを提示した出来事であった。とはいえ、そうした崩壊は、神戸という一都市に限定される現象である。それゆえに、大都市の崩壊・融解が、これからの都市の出発点になるといえるほどにまで全域化しているとも受け取れる磯崎の見解は、都市がこれから辿りうる傾向性を、建築、歴史、哲学といった分野にまたがる総合的な人文学的素養を土台に想像力を駆使して提示された仮説として受けとめるべきだろう。現代において都市は、ありうべき崩壊と融解を潜在的にはらみつつつくられていくよりほかにないものになっていることを指し示した、というように。

磯崎が大都市の崩壊を、変化・成長を秩序化し導いていく近代都市の理念の崩壊として捉えているとするのなら、そうしたことはたしかにみられる。民間資本を中心とする都市開発は、均質的で閉鎖的な居住地を島状に形成しつつ広がっている。

ただし、ここで留意しておくべきは、秩序化という理念を欠落させた状態で都市開発が進んでいくということは、整然とした秩序ある都市の崩壊というだけでなく、自然の改変でもある、ということである。SF作家の小松左京は、自然の改変とは、人間が「地球生命の進化の管理者」になっていく過程で起こる事態であるといい、次のように述べる。

> 生命のみならず、われわれは山を削り、海をうめ、沃野を砂漠にし、またその逆を行ない、大気を汚染し、河川の水を毒物にかえ、地球表面の状態を大規模にかえつつある……この方向をおし進めて行けば、やがては地球上の一切が、文明化――いわば人間的価値中心に再編成されてしまう時期がくる可能性があるだろう。そして、誰もそれを押しとどめ得ないだろう！(52)

小松左京がこう述べたのは、一九六七年、変化・成長を秩序化し導いていくことが無限に可能と信じられていた時代である。じつは小松は、人間には他の生命や地球の一切を人間中心に利用する権利があるのかと問い、本当のところ人間にはそのような権利はないかもしれないのにも拘らずそれを始めてしまったことに「むごたらしさ」「おぞましさ」「残酷」といったことを感じていると述べている。それでも彼には、この状況を越えていくための展望を提示できず、「管理を可能なかぎりうまくやる責任がある」という結論に帰着する。(53)

現在においては、このような進歩への信仰が、強固に信じられているわけではない。揺らいでいる。にも拘らず、開発は行われている。地球上の一切が人間的価値中心に再編成されていく過程は、いまだに押しとどめられていない。なぜか。それはやはり、人間が進化の管理者の位置にあることをやめることができていないからであり、人間が進化の管理者でなくなっている状況を、想像することができていないからである。

超都市は、次のような問題を提起している。近代都市の理念は崩壊している。にも拘らず開発は進行し、自然の改変が進行している。そしてこの開発のもとで、人間の居住空間は島状の閉鎖空間の断片へと切断され、相互連関を欠いた孤立的生活が営まれるものへと変容する。デジタルネットワークという接続領域は格段の進歩をとげたかもしれないが、空間的孤立状態は解決されていない。にも拘らず、この状況を乗り越えるための思考と実践がはっきりしてこない。

磯崎は、超都市を、均質化、画一化が進行し、そのことによって息苦しくなるということよりはむしろ、崩壊し、融解し、瓦礫と化していく状況として提示している。崩壊と融解が起こるさなかで閉域が形成されていくというのが、現代的な状況である。モートンは、「来るべきエコロジー的な考え方は、制限された対象や『限定経済』といった像、つまりは閉じたシステムではない。それは、明確な中心や周縁のない、広大で拡張していく相互連関性の網目である」[54]と述べている。モートンの見解が重要なのは、世界を相互連関の網目として考えていくというように、思考方法の転換を実際に試みているからである。閉じたシステムと、そのなかで生きていることが問題なのは、世界は相互連関の網目となって拡張していくというように考えなくてはならない状況にあるのにも拘らず、それを見ることもできなければ感じることもできず、自足した領域で生きていようとする思考習慣の惰性を断ち切ることができないからである。
ところで、閉域が連関を欠いた状態で広がっていくというのは、事柄の一つの側面である。現在の都市において問題なのは、つくりだされた空間が放擲されていくことである。空家の増大が、わかりやすい例だろう。空家は、住宅需要をうわまわる過剰生産の帰結ともいえるし、人口減少という自然な過程の帰結ともいえるが、要するに、使用されず潜在的な廃棄物となった居住空間である。廃棄物とみるのであればこれも瓦礫である。磯崎のいう瓦礫化は、戦災や自然災害がなくても、静かに進行しているといえるのかもしれない。

このことをどのようなことと考えていくか。モートンの議論は、さらに徹底されることを要する。そこをみているのが、藤原辰史である。藤原によれば、私たちが生きている環境世界の支えとなるのは土壌である。土壌とは、分解という積極的な働きをおこなう空間である。「腐植、腐熟、腐葉土という言葉がある。科学者の言葉であるとともに、普段農民が使用する日常語だ。どれもが、人間がヒトとして生命を維持するのみならず、生態系が定常的な循環をつづけるために欠かせない。『腐食』は土壌中の有機物であり、『腐熟』は堆肥の製造過程に必要な化学反応であり、落ち葉が堆積し腐った土である『腐葉土』は、地温を保ち、排水が良く、菜園では重宝される土の一種である」[55]。こうしたことを踏まえて、藤原は、「一個一個の物質を秩序立て、生命を維持する営みは時限付きの例外」であって、「腐敗・分解・崩壊」が本来的な現象ではないのかと問いかける。

分解から世界をみるというのは、抜本的な発想の転換である。開発は、山を壊して海を埋め立て土地を造成するという点で生産の過程といえるが、そこでは、生産された産物がどうなるのかということについては、視野の外に置かれている。開発が未来永劫存続すると長らく信じられていたのかもしれない。

だが、現代においては、そうした想定自体を疑わなくてはならない状況が立ち現れてきている。そこで分解という概念を打ち出した点で、藤原の思考は画期的である。

ところで藤原は、分解をどちらかといえば「農」において考えている。私が考えてみたいのは、「都市」で分解を考えることができるのか、できるとしたら、それはどのようにしてであるかということである。

空間の原型

都市の無秩序な発展を、混乱と麻痺の要因とみなし、合理的・機能的に秩序化するということが、近代的な都市建設の目標であった。この目標は、丹下健三だけでなく、それにつづいたメタボリズムグループにまで継承されていた。彼らは、戦後日本の生活環境が「ダイナミックな成長と変化の時代に入った」と考え、自分たちの時代に特有の問題を、「建設と消費、成長と変化という現代的状況に対して、世界の建築家・都市計画家はまだ、そうした状況における動態的均衡という課題を解決していない」[56]ことにあると見定めた点で、立場を同じくしていた。丹下とメタボリズムグループの建築家たちは、経済成長が都市を巨大化し、変化させていくという状況認識から、それを秩序化し、均衡させていくための方法を模索していた。浅田孝は、「官制都市計画」の硬直性は、巨大化と変化に対応しないものであるために克服されるべきであると考えていたが、都市は制御可能であるという信念は彼らにおいても揺らいでおらず、その点では、官制都市計画にかかわった建築家や官僚と丹下たちは連続していたと考えることもできる。

現在、都市はどうなっているか。郊外におけるデベロッパー主導の都市開発は、相互連関性を欠落させた島状の閉域を成立させている。これを前にして問うべきは、はたして近代的な秩序化はなおも可能なのか、それとも、じつは秩序化はすでに不可能でそれとは別の形成原理のもとで都市を考え直さなくてはならないのか、ということである。

磯崎新は、後者のスタンスから、都市を考えようとしている。磯崎は述べている。「ヨーロッパで一九世紀から二〇世紀あたりにできたメトロポリスからは、基本的な仕組みが変わってきていると考えています。それが起こったのが九〇年代です」[57]。それは、不透明で、見通すことのできない空間としてしか把握できない状況である。これをどのようにしたら方法化できるか、理論化できるかがこれからの課題だと磯崎はいう[58]。

磯崎が述べていることの独自性を理解するためには、いくつかのことを踏まえておく必要がある。まず磯崎は、透明な秩序ではないものとして都市を考えるということを、丹下やメタボリズムの建築家たちが活躍していた同時代において試みていた。つまり、「透明性」では世界は認識できなくなっているという状況認識は、六〇年代から一貫していた。「透明性や、単一の全体性ではなく、すべてが分断され散逸した構造に関心をもちました」[59]。磯崎は、みずからの試行錯誤が、メタボリズムの思考とは明確に区別されるものであることに自覚的であった。

後の原型となる思考を濃縮した作品である「孵化過程」について、磯崎はこう述べている。「建築や都市の新陳代謝や変身に、内在的な秩序を発見し、方法的にそれを構築できる技術を捜そうとするメタボリズムの思考とは、このモンタージュ写真のもつ指向性は、基本的に一致しないものである」[60]。磯崎は、都市の原型を発見しようとした。この原型は、「発生状態にある観念」として見いだされるものである。しかも磯崎は、この観念を、都市の空間経験において掴みとった。「建築空間とは外在するものではなく、人間がその場所にはいりこみ、それに相対応した瞬間に、内部で感じとる、そのときはじめて存在するような、一種の現象であり、あらゆる論理も方法も、そういう現象を発生させる手段にすぎないのではないか、と考えはじめたのは、モスレムやビザンチンの寺院の内部をめぐり歩いたときのことだ[61]」。空間をこのようなものと捉える立場は、磯崎も述べているように、「対象化への実践を確実に要求される技術を、その論理的な支柱とする建築家の方法とは無縁[62]」なものである。実証主義、客観主義という社会科学の方法とも無縁である。それは、一九六〇年代から七〇年代にかけてアンリ・ルフェーブルが理論化していた社会空間論と相通ずるものといえるだろう。あるいは、二〇〇〇年代から現在にかけての、ティモシー・モートンのエコロジー論の試みによって再発見されつつある空間概念を先取りしていたものとして、再評価することも可能だろう。モートンはいう。「環境を意識化するためには、空間をたんなる空虚ではないものとして、意識化しなくてはならない[63]」。空間を意識化するということは、私たちをとりまく世界への手ざわり、感触から、考えていくということである。これが重要であることを二一世紀の現在においてあらためて提示した点でモートンは画期的だが、じつはそうしたことは、磯崎やルフェーブルといった人たちが、すでに五〇年前におこなっていた。

ところで磯崎は、このような空間の存在に、モスレムやビザンチンを歩いたことをきっかけにして気づいたと述べている。それは再発見された。意識化されず、論理化できないまま、意識のどこかに沈没したままになっているものが、再発見されたのである。では磯崎は、何を再発見したのか。それは、「都市という観念の原型」であるが、この原型には、磯崎の原体験が、色濃く反映している。つまり、「戦争中の焼跡」である。「B29の焼夷弾の雨の下ですべての施設は炎上をつづけた。少年の私にとって、それまで堅固で永久不変だと思われていた物理的実体が次々に崩壊、いや消滅していったのである」。

「炎上する都市はすべての目に見える実体を、その瞬間に消失する。私の肉体をとりまき、ささえていた実体が、次の瞬間には消滅している。そして最後に焼け跡だけ残ったのだが、それでもそこに都市はあった[64]」。崩壊と消滅。冒頭で引用した超都市を語る言葉は、これの反復である。一九六二年に書かれた「孵化過程」でも、同様のことが語られている。

かくして孵化された都市は、
崩壊する宿命にある。
廃墟は、
われわれの都市の未来の姿であり、
未来都市は廃墟そのものである。
われわれの現代都市は、
それ故にわずかな《時間》を生き、
エネルギーを発散させ、
再び物質と化すであろう[65]。

これが書かれたのは、丹下健三の「東京計画一九六〇」や、のちのメタボリズム運動の原点となる「世界デザイン会議」が行われたのと同時期である。成長と変化の秩序化が可能であるという信念は、つまるところ、「均質化」や「閉塞の秩序」を出現させてしまうのであり、そこでは都市がそもそも「どろどろの不定形の物質」であるという現実が見失われていることを告発するものとしてこの文章は読めるのだが、そういう時代背景を知らないで読むと、結局は磯崎が少年のときに抱いた都市の原型を繰り返し表明しているものであることがわかる。ロサンゼルスの郊外をみたときにも、「物理的構成が緊張感をもって一望のもとに把握しうるような都市空間概念が、ここでは崩壊している」[66]と表明しているが、これもまた、焼け跡経験で得られた原型と同じものをロサンゼルスに見出したのにすぎないと考えることもできるだろう。

ここで磯崎が提示する空間の原型は、独自のものである。それは磯崎という一人の生身の人間が、おのれの心身で焼け跡という経験を受けとめ、思弁的な営みをつうじて観念へと結晶化させていく過程でえられた像である。ゆえに、これを読む人は、各々がみずからにこう問いかけなくてはならない。「では私は、どのような原型を、みずからの内にもっているのか」。

荒廃

アンリ・ルフェーブルは、「社会空間」を、次のようにして定式化する。それは「ものならぬものであり、実体的な現実でもなければ心的な現実でもなく、抽象へと還元されることもなければ、空間のなかにある事物の集合やあるいは占有される場所の集積として存立しているのでもない」[67]。私たちの生活は、このような意味での空間において、営まれている。そして空間は、唯一ではなくて複数である。[68]公園や街路、大学のキャンパスや私室、個人住宅、廃屋、コンビニなどというように、複数の社会空間が相互連関していくところに都市が形成されていくと、考えることもできる。

ルフェーブルの社会空間の概念が独自なのは、私たちの生きているところを、内面に還元されるのではないがだからといってたんなる事物でもない独特の質感がある「ものならぬもの」として捉えつつ、考えることを可能にするという点にある。たしかにこの世には様々な空間があるが、そこに身をおくとき私たちは、何らかの気分、情感が、心身を侵蝕してくることを感じる。中原昌也の『あらゆる場所に花束が……』には、そういう空間経験が、絶妙に繊細なタッチで描かれている。

道路から少々はずれたこの一軒家の存在自体が、近くに寄らなければ認識できないものであったので、地元の人間以外にはただの雑木林にしか見えない。近所の人間がこの家の前を通ると、誰もが空虚な気分になった。子供だろうと大人だろうとたちまち思考停止し、家に向けて石を投げ始める。だからこの空家ではしょっ中窓ガラスが割れる。しかし、一回その音を聞いてしまうと後にやってくるひっそりとした静けさがより一層淋しさを感じさせるので、さっさと去りたくなってしまう。(69)

荒んだ家、豊中市にて撮影

すべてが投石を誘発するとはいえないだろうが、荒んだ家とはこういうものだ。荒んだ家が増えるとは、意気消沈と自暴自棄の入り混じった空間経験に出くわす機会が増大するということでもある。だが、このような廃屋はふつう、見過ごされている。新築の家へと建て替えられる過程において取り壊されるとき、私たちはそこに、じつは廃屋が存在していたということに気づく。廃屋は、それが位置する住宅地域とのかかわりにおいては、ノイズであるともいえるだろう。意味のあるものとして知覚されることがない。中原の小説には、廃屋がいくつも出現する。廃屋が連鎖していくことで構築される小説世界では、日常世界ではノイズでしかないものが、次第に表面化し、それらがもつ空気感、質感のほうが意味のあるものとして感じられてくる。廃屋のほうがよりリアルで、廃屋でない住宅はたまたま成立しているだけの見せかけであって、いずれそれもまた廃屋になることの過程の途上にあるものでしかないと思われてくる。

彩都の空地とマンション群

モートンは、「アヴァンギャルド芸術は、コラージュ、モンタージュ、ブリコラージュ、ないしはリゾーム化としての並置を重視する」[70]と述べているが、中原も、アヴァンギャルド芸術を実践しているといえるだろう。そしてモートンは、この芸術実践で賭けられているのが、「内容と枠の隔たりの問い直し」であるという。都市を例とするなら、建物が内容であり、それをとりまくものとしての住宅地域が枠ということになろう。一つの住宅地域が内容となり、それをさらにとりまく都市が、枠ということにもなる。あるいは逆に、建物のなかにいる人体が内容で、建物が枠ということにもなる。内容と枠の隔たりを問い直すとは、どのようなことか。モートンは述べる。「そのあいだには何もない。本当に何もなく、そこには空間すらないのだが、というのも、空間もまたこうした区別に従属しているからだ。そこにあるのはなんであれ、いずれもがノイズであるか音である」[71]。内容と枠は区別されるが、そのあいだに何かがあるから区別されるというのではない。音とノイズ、前景と背景は、何かがあるから明確に区別されるのではない。こうなると、どこまでが内容で、どこからが枠なのか、どこまでが音で、どこからがノイズなのか……というように、内容と枠の隔たりということ自体が何なのかが、よくわからなくなってくる。これが、内容と枠の隔たりの問い直しである。

モートンが述べていることを、都市に即して考えてみると、どうなるか。都市は、複数の社会空間の相互連関的な集合体である。とするならば、複数の社会空間が、都市の構成部分、つまりは内容であるということになり、都市が、枠であるということになる。内容と枠が切り離されているとするなら、都市という枠がまず整備され、その枠内に、複数の構成部分としての社会空間が収められ、配置される。社会空間で満たされることのない空間は、空白である。枠と内容が切り離されるという認識は、静的なものである。計画図があり、そこを内容が満たしていく。内容でみたされていない空白は、空白としてしか捉えられない。

これに対し、内容と枠が区別されていないとするなら、都市は、複数の社会空間を収容する枠ではなく、社会空間が相互的に連関していく過程において形成され構成されていくものとして、捉えられる。社会空間は、単独では都市ではないが、それが複数で連鎖すれば、それだけでもう都市である。住宅、自動車道、広場、公園……というように、複数の社会空間が連鎖していくところに、都市が形成される。都市は、まさにこの相互的な連鎖そのものであるということもできるだろう。こうなると、都市においては、それが枠として捉えられているかぎりにおいては空白としかみなされなかった空間もまた、それをとりまく複数の社会空間との連鎖において、意味をもつものして、捉えられるということになる。廃屋も、雑草の生い茂る空き地も、居住者の大半が不在の団地といった空間も、じつはそれをとりまく空間と切り離されず、連鎖するものとして存在している。それでも普段は意識化されない。郊外地域では、造成地帯が無秩序に拡張している。島状の住宅区域の各々は切り離され、連関を欠落させている。各々の閉域が硬直化していく。だが、ではたして、閉域のあいだはどうなっているか。連関が欠落しているところはどうなっているか。そこは、たとえば造成されたまま家の建たない空き地である。空き地には、雑草が生い茂っているが、フェンスで囲い込まれているため、進入することができない。公園があっても人はまばらである。こうやって考えていくと、閉域のなかで営まれている日常生活はあくまでも一時的な秩序化の産物で、本当のところ都市で優勢になっているのは、廃墟化なのではないかと思われてしまう。

相互連関とふるまいの場

この状態を、どう考えたらいいのか。部屋、マンションの棟、公園、駅前のスーパー、スポーツクラブ、公民館、保育園、小学校というように、そこに成り立っている個々の空間をそれだけ切り離してみるとするなら、とりたてて問題とすべきことはないとも思われてくる。すべては整備されていて、清潔で、安全である。それでも、これらの個々の空間を、まとまりのある一つの都市へと連関していくものとして捉えようとすると、とたんに、それがはたして都市といえるのかという疑問がなぜか湧いてくる。

都市は、複数の構成要素の集合として、成り立っている。その集合のあり方に着目し、都市を分類する方法を提示したのが、アレグザンダーであった。彼は都市を、ツリーとセミ・ラティスに区分する。ツリーは、構成要素が切断された状態で寄せ集められ階層序列的に統合された状態であり、セミ・ラティスは、構成要素が重なり合い、接点をもつ状態で連鎖していく状態である。この構図でいうと、現在の都市開発は、セミ・ラティスとはいえないが、ツリーかというとそうともいえない。複数の構成要素は、切り離された状態にあるが、それでも、島状の部分集合内部においては、重なり合いはつくられているし、オープンスペースもある。閉域内はセミ・ラティスだが、その外との関連が、欠如している。そしてこの複数の閉域相互は切り離されているのだが、ツリー状の序列化、統合性は、欠如している。ツリーでもなければセミ・ラティスでもない状態である。そこには、構成要素となる空間を組織化していくことをつうじて都市という作品をつくりだそうとする営みが、衰微しているといえないか。閉域一つをみるならば、そこは都市らしくなっている。だが、この閉域に隣接している空間が、たとえば空家の増大した戸建住宅街であることもあれば、更地のまま放置されているか、駐車場になっていることもある。

ハーバート・サイモンは、構成部分を総合し組み立てていく営みを、デザインと定義した。そしてこの営みにおいてつくりだされるのが、「人工物」だと述べている。人工物とは、自然ではなくて人為の力でつくりだされるものである。放置しておけばおのずとできあがるようなものではない。その特性は、「機能、目的、適応という観点から、明らかにされる」[72]。複数の構成部分を、一定の機能をはたし、目的にかない、状況に適合していくものへと総合し、組み立てていくことが、デザインである。都市もまた、人工物だとするならば、この総合と組立という営みをどのようなものにしていくかが、問われているということになろう。問題なのは機能不全であり、そこをどうやって再機能化するかが問われるのだが、それはただ構成部分の重なり合いということだけでなく、そこにいる人たち、そこにある事物や生き物が、相互連鎖し自由にふるまうようになっていく状態をどうやってつくりだすかが問われてくる。

そこで求められるのは、ただ物理的な意味での都市建造物が、機能的になるというだけのことではない。閉域は、まとまりをつくりだしていく営みの衰微の帰結といえるだろうが、相互連鎖は、この営みの水準において、起こるものである。相互連鎖とは、まとまりがつくられてくることである。道路、住宅、公園といった人工物だけでなく、木々、草花、河川、犬、猫、馬、というように、人工物ならぬ要素もまた、都市という相互連鎖をつくりだしていく。ではいったい、このような連鎖は、どのようなところで起きているのか。

ここで、坂部恵の考察を、想起されたい。坂部によれば、自由自在の状態にある自己とは、「ある完結独立した実体というよりは、むしろ、自己ないし自己の行為がそこに出自をもちそこに由来する一つの場所においてあるもの、ないしは、いいかえれば、自己が本来端的にそこにおいて〈在る〉場所においてはじめてそれでありうるものにほかならない[73]」。そして坂部は、西田幾多郎の考察を踏まえ、この場所が、ただ自己の成立に限定されるものではなく、「自己とともに他者に向かってもひらかれた、いわば自己と他者の存在と生命の共通の基盤ないし根底である場所であるもの」と述べる[74]。人は、この場所に根づいているとき、自由自在にふるまっている。それは裏を返せば、この場所への根づきを欠落させてしまうという危険につねにさらされているということである。

このような場所を、人工都市という人為的な営みの産物においてどのようにしてつくりだすかが問われるのだが、それはいくつかの理由で、とても難しい。というのも、人工都市では、根づきといった言葉が思い起こさせる伝統や土着性といったものをあてにできないからだ。ニュータウンは、共有される伝統のない状態で都市をつくるという実験が徹底化されたことの産物であり、ゆえにともすれば、そこでの生活は、生命の基盤を欠落させた、本来性を欠いたものとみなされてしまう。

都市において、生きることの基盤となる場は可能なのか、可能だとしたら、それはいかにして可能か。根づきや伝統といった概念を参照せず、こうしたことを問わなくてはならない。

そのためにはまず、都市を「人工物」と捉えてしまってよいのかと問い直してみる必要がある。たしかに都市は人為的な産物である。それでも、この人為的な産物は、自然のうえに成り立っている。土に覆われていたか、山を切り開いたか、海を埋め立てたかという違いはあっても、都市は、まったくの真空地帯に立ち現れたのではない。それはつまるところ物質であり、物質の集積である。木材、コンクリート、ガラス、鉄……すべては物質である。そして物質は、自然から切りだされてきた。

都市が物質であるということを、日常の私たちは意識しない。それでは、物質であることを意識化するのは、どういうときであるか。磯崎が述べていることをここで思い起こすなら、それは、崩壊し、廃墟化したときである。[75] もう一度引用する。

超都市は、崩壊・融解した大都市の後始末からはじめざるを得ない。すなわち幻影の廃墟から、その一切は開始されるのである。

超都市は、大都市の崩壊以後に展望されるとするならば、その間には、質的な違いがあるということになる。最初に提示した設定で捉えるならば、大都市の崩壊は、秩序の水準と、環境の水準と、ふるまいの水準で起こる。秩序の水準の崩壊は、郊外における秩序を欠いた拡張や、計画の産物であるニュータウンの物理的な老朽化として経験される。

環境の水準における大都市の崩壊とはなにか。ふるまいの水準における崩壊とはなにか。都市環境は、物理的な建造物がただあるというだけでなく、建造物が集積され、秩序化され、道路が敷設され、広場がつくられ、店が建ち、さらに、そこで人が集まり、住むという営みをつうじて形成される。つまり、事物と人のふるまいの集合体である。ゆえに、都市環境の崩壊については、ふるまいの水準にまで立ち入って考えてみることが求められる。

坂部恵の〈ふるまい〉論

ふるまいの水準で、都市が崩壊するとはどのようなことか。坂部恵が述べていることを再度引用する。

2011 年 3 月 16 日の千葉県旭市、山岸剛撮影

> 近代的な vita activa や homo faber とまたその効用(utility)のみが、人間の生活の行動の基準となり、人間のすべての〈ふるまい〉が、「せぬひま」、「静慮」、vita contemplativa へのひそかな、しかし何よりもたしかな根づきとつながりを失うとき、人間の〈ふるまい〉はおそらく、本来人間の〈ふるまい〉とは呼べないグロテスクな何ものかに変じてしまい、悠久の時このかたひとびとの暮らしをひそやかに支えつづけてきた〈正気〉は、それと気づかれることもないままに生活の舞台をそっと立ち去るであろうこと。(76)

人間生活の行動基準としての効用に対応するのが、ニュータウンという空間である。坂部の議論を踏まえるなら、ニュータウンでは、人間の〈ふるまい〉が、グロテスクなものになっているということになろう。それは、人間の内的世界にかかわるというより、〈ふるまい〉の支えとなる生活の舞台にかかわる。つまり、生活の舞台を正気が去るとき、〈ふるまい〉はグロテスクになる。ニュータウンで生きるとは、効用が第一の価値基準となった状態で生きることであるが、坂部ならばそこを、正気を欠いた世界と考えただろう。正気を欠いた状態で構築された世界が、戦後の日本列島の至る所に出現し、多くの人の生活がそこで営まれてきた。

現在、老朽化し、人の少なくなった集合住宅団地を前にして佇むとき、私たちは何を考えることができるのか。何をいうことができるのか。私は、正気が去ったというのとはまた別の事態が起きているのではないかと考える。正気が去った状態で維持されてきた世界が、揺らぎつつある。

ふるまいの水準で、大都市の崩壊が起こるとは、正気が去った状態で維持されてきたふるまいの場が、崩壊するということである。正気が去った世界自体の崩壊が始まり、空白が現われつつある。ただそれだけのことである。この空白において、〈ふるまい〉を考えてみたい。そのためには、〈ふるまい〉を、効用が優勢になる状況において失われてしまったものというのとは別のやり方で考えてみることが求められる。根づきといった本質を想定せず、それでもなお〈ふるまい〉がありうるとしたら、それはいかにして可能か。

＊

坂部は、〈ふるまい〉が、対人関係的な場面において生起するものを意味する言葉として使用されていることに着目する。〈ふるまい〉は、〈ふり〉と〈まい〉で構成される。〈ふり〉には、模倣の意味が含まれているが、それは他者との関係を欠くなら成り立ち得ない。坂部は、この〈ふり〉が〈ふるまい〉の基層的な成層であり、〈ふるまい〉は、この成層において生起する、対他的ないしは対人的なものとならざるをえないと考える。

坂部恵によれば、〈ふるまい〉という日本語に対応する西欧語（Verhalten, behavior, comportement）が再帰動詞の形で使われていることからもあきらかなように、人間のふるまいはそもそもが「受動的であると同時に能動的な〈二重化的〉な構造をもつ」。つまり、「自己の〈ふるまい〉ないしは〈ふるまう〉自己（〈ふるまう〉私）の中には、最初からさまざまなレベルでの〈他者〉とのかかわりという、むしろひらかれた二重構造（お望みならば脱自的契機といってもよい）が含まれている」[77]。

この見解を踏まえるならば、人のふるまいは、何よりもまずはふるまうという動きとして生じてくるとしても、その動きのためには、他者とのかかわりの起こる場を必要とする、ということになる。この場において、私のふるまいは、私が主体であるかぎりでは私のものだが、他者のふるまいを招き寄せ、かかわり、また別のふるまいを生じさせていくという連鎖的な関係に入り込んでいくことで、私には限定されることのない広がりをもつものとなっていく。

対人的なものを重視するというだけであるなら、坂部の思考はかならずしも、独自のものとはいえない。間主観性や「あいだ」や共同主観性といった概念をめぐる考察もまた、他者との関係を含むものとして人間の行為を捉えようとするものだからである。坂部は、対人的なものを、間主観性や共同主観性といった概念ではなくて、〈ふるまい〉という水準で考えようとする。しかも〈ふるまい〉を、それが生起する場との関連で捉えている。「〈ふるまい〉について考えることは、対人関係的、相互人格的

(interpersonal) な場のあり方について考えること以外の何ものでもない[78]」。

この場は、〈ふるまい〉を正しく導くための枠組みが形成されていくところである。坂部はそれを〈ならい〉と呼ぶ。「〈ならう〉(習う) ことは、また、反復につれ時の厚みの加わるに応じて、おのずから、〈ならい〉(慣い、習慣) となり、ひとの〈ふるまい〉を将来にわたって大筋において導くこころの枠組み、ないし今日風にいえば〈プログラム〉のごときものを形成することとなるだろう[79]」。

〈ふるまい〉は、相互人格的な行為において〈ならい〉をつうじて時間をかけて身についていくものということになろうが、坂部が独自なのは、この〈ふるまい〉を、「場のあり方」との関連で考えようとしているところにある。つまり坂部の思考は、身体と、その〈ふるまい〉が生起し連鎖する場という道具立てで、人間を、そして世界を考えようとするものである。

*

〈ふるまい〉、身体、動きの起こる場といったことをいかなるものと考えたらいいのか。

坂部が述べているように、彼が提示した思考は、読者へと開かれている。自由に改変・増補することができる[80]。ではいったい、改変と増補の余地はどこにあるのか。それは、坂部が思考していた時代において兆しはあっても表面化していなかった、〈ふるまい〉の崩壊としかいいようのない状況である。坂部は、人間のふるまいが、ふるまいと呼ぶことのできない「グロテスクな何ものか」に変じていると述べている[81]。だが、グロテスクな何ものかがどのようなことであるかについては、考察の余地が残されている。

『ペルソナの詩学』では、「人間の〈ふるまい〉一般が、しっかりした伝統、〈ならい〉に支えられた真に身につき生きた〈ふるまい〉であるよりは、むしろ効用とみせかけの観点だけからみられ、魂の抜けた知的シミュレーションとでもいったものにますます取って代わられつつある[82]」と書かれているが、坂部は伝統や〈ならい〉が〈ふるまい〉の支えとなる時代状況を知っており、それを根拠とすることができるからそう書けるのであって、伝統や〈ならい〉が形骸化し、そこに根ざすということがそもそも困難で、効用と合理性と機能性のほうが身についた〈ならい〉となることのほうが優勢な状況において〈ふるまい〉とは何かを問うことが求められている時代には、坂部と同じように思考するのは不可能である。

伝統、〈ならい〉、共同体といったものが、ただの観念、幻影にすぎなくなっていることを自覚し、受けいれる必要がある。そうすることで、坂部には「グロテスクな何ものか」「人間の〈ふるまい〉でもない何ものか」としかいうことのできなかった何ものかを、言語化することができるだろう。そしてそれは、精神、内面性、魂といった領域ではなく、〈ふるまい〉という行為の次元にかかわるのだが、〈ふるまい〉が起こり、〈ふるまい〉を成り立たせる場にもかかわるところでもある。

*

たしかに、効用と機能性で成り立つ空間では、伝統やならいに根ざすふるまいの継承が、むずかしくなっている。それを坂部はふるまいのグロテスク化と呼んだが、ここでまず問うてみたいのは、「伝統やならいに根ざすふるまい」と「効用と機能性のもとでグロテスク化したふるまいならぬ何ものか」との関係をどう考えたらよいのか、である。

坂部の議論を読むかぎりでは、この両者は、一方が他方へと移行するという関係にある。伝統に根ざしたふるまいが、正気を欠いた空間において空虚になる、という構図である。そして二つの関係は、序列化されたものとなっている。すなわち、一方は「しっかりした伝統」、「真に身につき生きた〈ふるまい〉」と言われ、他方は「効用とみせかけ」、「魂の抜けた知的シミュレーション」と言われている。つまり、伝統に根ざした生きたふるまいが、効用と見せかけの空虚な行動様式よりも優れているという階層序列が前提されている。これでは、空虚でグロテスクになった状態で生きている人間は、もはや救いようがなくただひたすらに空虚になるという帰結しかでてこなくなる。

そう考えないためにはどうしたらいいか。まずは、正気の世界と、空虚ないしはグロテスクな世界があるということを、否定せず、受け入れる。私たちは、完全に空虚な世界を生きているのでもなければ、完全に正気の世界を生きているのでもない。空虚の度合いと正気の度合いが様々である諸々の世界が混交している状態を、私たちは生きている。そのうえで、この複数の世界の間に、境界線が引かれていると考えてみる。正気の世界と空虚な世界は、境界で分離されているが、それを介してつながっている。正気と空虚が、境界を隔てて接しつつ、ときに交わり、浸透しているところにおいて、私たちは生きている。空虚と正気は壁一枚を隔てて隣接していることもあろうし、空虚の世界が連関し、その領域を拡張するということもあるだろう。生活様式が効用と機能性で律せられている状態を、正気を欠いた状態と捉え、グロテスクと評してしまうと、そこで思考は停止する。そうではなく、この世界は、空虚な世界と正気の世界が混交していると考えてみる。そのなかで、人は生きている。世界には、空虚と正気の度合いの違う複数の空間があり、そのなかを行き来しつつ、人は生きている。問うべきは、空虚と正気の度合いの違いをどこに見出すべきか、である。そして、正気の世界がなおも可能であるとしたら、それはどのようにしてであるか、である。さしあたりいえるのは、正気はふるまいの場にかかわる、ということである。正気の根拠を人間の内面性に求めてしまうと、ふるまいの場のあり方への配慮を欠いた状態で正気を求めることになりかねないが、それは、身体性を欠落させた観念的な水準での正気でしかない。そうならないためには、正気は、具体的に人が生きている生活の場を相互主体的なふるまいの起こる場へと作り変えようとする実践とともに立ち現れると考えていくべきだろう。

小括

以上より、ニュータウンをめぐる問題は、次のように定式化できる。

・世界は、伝統とならいに根ざしたふるまいの生起する世界と、効用と機能性で律された世界で成り立っている。

・近代化は、効用と機能性で律された世界の範囲を拡張している。その典型がニュータウンである。

・ニュータウンという世界では、伝統とならいに根ざした世界の成り立つ余地は、きわめて乏しい。

・現在、ニュータウンでは、効用と機能性のもとでつくりだされた世界自体が老朽化し、崩壊を始めている。

効用と機能性で律された世界で人間が生きつづけることが可能だという想定は正しいという信念が、ニュータウンを支えている。ニュータウンが存在するのは、この信念の正しさが、何の疑問も抱かれることなく支持されてきたからである。坂部のような批判もあったが、そうした批判は、伝統とならいに根ざした世界こそが正しい世界であるという確信があったからこそ可能であった。

坂部のような確信を欠いた状態で、ニュータウンを支える信念の正しさを問い直すことは可能か。これが解くべき問題である。その手がかりは、ニュータウンにおける老朽化にある。老朽化において起きているのは、効用と機能性にもとづく信念のもとでつくりだされた人工世界の部分的・局所的な崩壊である。そして、そこで問われているのは、効用と機能性に律された世界をなおも存続させることは可能か、である。伝統やならいに根ざした世界とニュータウンの世界のいずれが人間の世界として望ましいかではなく、効用と機能性に律されたニュータウンという世界がなおも存立可能なのかどうか、である。このように問うためには、ニュータウンが存立するとはどのようなことかを、それが事物からなる世界であるという観点から、考えてみる必要がある。

第三章　ニュータウンの果て

郊外では、新規建設が行われている。それでも目を凝らすと、老朽化した建物が見えてくる。団地、戸建住宅だけでない。駐車場、公園、商店、道路などでも、老朽化は起こっている。閑散としているところもあれば、放擲されているところもある。老朽化した建物、物理的施設の呼称としては、荒廃や腐朽といった言葉が思いつく。適切な言葉を探すのも重要だろう。だが、それにもまして重要なのは、建物や広場が老朽化し、荒廃し、腐朽していくことを、どのようなこととして考えたらいいのかと問うことである。老朽化、荒廃は、事物において生じているが、それはただ事物にかかわるのではなく、そこで営まれている生活にかかわる事態である。老朽化と荒廃は、それをとりまく都市という世界にかかわる事態でもある。

廃屋を資産とみるならば、住宅という物理的施設の使用価値がなくなっていくことの問題となる。ショベルカーで取り壊し、木材や鉄くずやコンクリート片をダンプカーに載せて一掃し、ブルドーザーで更地にし、新たに住宅やマンションを建設することで問題は解決されるということになる。それでも、老朽化し、荒廃していく建物や公園には、使用価値の低落といってしまうのでは捉えがたい、何かが生じていると考えることもできる。中原昌也の小説が独特なのは、この何かを、作品の素材にしてしまうからである。

彼のアパートは近隣に空き地が目立つ、極端に人通りの少ない袋小路にあった。繁華街が近いとはいえ、ここは黒い樹木ばかりが目立ち、冷酷なまでに人間生活の名残りをとどめてはいない。いつか見た報道写真の中の、戦火や疫病によって見捨てられた村を思い起こさせた。(83)

この質感には、人を魅了する何かがある。老朽化し荒廃する建物という客体的な実在物がこの魅惑を生じさせていると考えるならば、そこに魅惑を感じてしまう理由は、中原や私の主観的領域に求めることはできない。ではいったい、この魅惑とはどういうことか。なぜここに魅了されてしまうのか。廃屋を目の前にしたとき、何に注意が向かうだろうか。雑草、半開きになった玄関口、ヒビ割れた窓ガラス、塀の落書き……というように、放置され、破損した状態にあるいくつもの事物にまずは目が行く。家はそもそも、多様な事物の集積が精妙に結合されることで成り立つ事物なのだが、廃屋においてはその結合が破綻する。家の構成部分となる事物が、木材、鉄、ガラス、コンクリートといった多様な事物の結合体で、しかもその多様性が、脆さ、柔らかさ、耐久性など、やはり事物の質感の違いから生じているということがわかってくる。廃屋は、ものである。廃屋を目の前にしたときに生じる経験は、それがものであり、ものがあるという経験である。

人類学者の松嶋健は、自分がイタリアに魅了された原点が、「ものがある」という経験だったと述べている。イタリアにいると「ものがある」と感じてしまうと松嶋はいう。「ものがある」という経験は、どのような経験だろうか。松嶋は、辻邦生の次の文章を、みずからの経験とよく似た感覚を思い出させてくれるものとして引用する。「ローマの夏の魅力は、暑さの中の物たちのこの沈黙だ。人がどんなに語りかけようとしても、石はひたすら石に、草はひたすら草に徹している」。辻はこの沈黙を、「物質の拒絶感」と言い表す。つまり、「ものがある」という状態が、人間の安易な説明を拒絶するということである。辻は続けて述べている。「ふだん人間と慣れっこになった物たちは、物であるよりも、物の記号にすぎない。通りは、通りという記号、広場は、広場という記号である。だが、物質が人間を拒絶するとき、広場は記号的存在をやめ、広場という物質に還る」。人間が物を物として感覚できないのは、物を記号として受け取っているからである。これに対し、「ものがある」という経験が人間において生じるのは、物が記号から離れていくとき、言葉から離れ、記号であることをやめるときである。それを松嶋は、「ものの機能や使用価値の裂け目から垣間見える、存在の無言の輝き」と言い表す。「ものがある」ということはつまり、記号的な枠組みから剝離することである。それにともない、「物」としての奥行き、深み、手ごたえが出てくる。(84)

廃屋において、「ものがある」と感じてしまうのも、廃屋が記号的存在であることをやめているからである。記号ではないとはどういうことか。それは、記号を意味のあるものにする体系から剝離している状態でもある。ところでニュータウンは、体系的な秩序の産物である。この秩序へとみずからの心身を適合させ、慣れている人には、ニュータウンが事物の世界であることが感覚できない。この秩序への適合状態からすると、廃屋は、例外的な事態である。ゆえに、普段は目にとまらない。だが、廃屋に目を向け、「ものがある」という経験に身を委ね、感覚をそこで研ぎ澄ましていくならば、ニュータウンの別の様相が明らかになるのではないか。

以下の議論の概略を示しておく。

・「ものがある」という経験。それは事物にかかわる客観的な事実である。そのかぎりでは、内面性、主観性において生じる観念的な表象ではない。住むことの意味や場所性といった観念では、説明できない。だがそれは、事物にのみかかわる経験でもない。そこに身を置く人間が、現実に感じている。ただ感じられるものとして受け取っている。つまり、「気配」や「雰囲気」として、感じ取っている。

・更地・完成・老朽化。ニュータウンの始まりには、更地がある。そして更地が物により充たされ完成される。そしてこの完成形態＝相互分離と垂直的統合に代わる空間秩序の模索（メタボリズムの試み）を経て、ニュータウンは平坦な広がりの運動性において拡張していくようになる。新しいニュータウンの拡張と同時に、かつてからあったニュータウンが老巧化していく。

・気配。更地は、何もない状態である。それに対し、事物で充たされ構築された人工世界には、独特の気配がある。ニュータウンに漂う空虚感、停止は、気配として生じている。そして、老朽化した団地に漂う荒廃感も、やはり気配である。

この設定に即して、以下では、「もの」としてのニュータウンが更地から老朽化に向かう過程を、気配という観点から考えてみる。この立場は、生活空間を人間の内面性との相即という観点からとらえようとする立場とは異なっているものであることを、あらかじめ述べておく(85)。

廃屋と槇文彦の「群の空間」

廃屋は、限定された個的な事態でしかないと、考えることも可能である。すなわち、人が不在になった状態で、完全に取り壊されることもなく中途半端に放置されるということは、自己完結した事態である。一軒の住居の隣が廃屋になっても、その住居が連鎖的に廃屋になるとはかぎらない。廃屋を自己完結的な事態と捉えるならば、それは問題にはならない。単体としての廃屋を取り壊し、更地にし、新しく新築すれば問題は解決する。

だが、それでも廃屋には、ただ一軒の家に起こった自己完結的な事態としては捉えられない何かがあるのではないか。廃屋は、それを一つの要素として含み込む都市において、何かを生じさせているのではないか。

廃屋をどのようなものとして考えるのか。この問いは、都市像の根幹にかかわる問いである。ここでは、「廃屋は個的で自己完結的な事態である」と「廃屋は自己完結しない事態である」の二つの捉え方がありうる。かりに前者を選ぶとするなら、廃屋は、都市の内部において、それだけで完結した事態であり、都市の全体とは何の関係もない事態であるということになるが、後者を選ぶとするなら、廃屋は、都市というまとまりへと開かれた事態であり、都市と何らかの関係をもつ事態ということになる。

都市をまとまりとして考えるにあたっては、槇文彦の「群の空間」の概念が参考になる。メタボリズムグループの一員であった槇もまた、空間の操作について、独自の思考を試みていた。槇は言う。「群の考えに基づく空間体とは、たとえば人間社会において、群がり、広がり、働き、などの行為の一連の連鎖反応により有機的な秩序がつくりあげられていくように、壁、シャフト、床、ユニットなどの空間構成のための基本体を用いながら、有機的な秩序をその空間につくりあげていくことなのである」[86]。群の空間は、複数の空間が群を成し、一まとまりのものとして形成される過程で成り立つ空間のことである。つまり、一つの全体像が、想定されている。槇は続けてこう述べる。「その全体像とは個々のエレメントを包むものであり、建築群のようにエレメントによりつくられたものではない」。都市は、個々のエレメントが互いに連関を欠いた状態で付加されるところに成り立つのではない。エレメントが、一つのまとまりへと包み込まれ、互いに連関していくところに、都市は成り立つ。ただし槇は、一つのまとまりとしての都市を、その構成要素であるエレメントに対して外在的で固定したシステムとしては考えない。都市というシステムは、そこに含み込まれるエレメントとの平衡において維持されると、槇はいう。ゆえに、エレメントは、システムに対して従属し、コントロールされるという関係にはない。「エレメントはより自己充足的であり、個性のあるものであり、安定したエレメントはきわめて長期的に存在する。ただし今後の時代のエレメントは群として存在しうる触手をもたなければならない」[87]。つまりエレメントは、そのものとして独自の個的な存在でありつつ、他方では、それを含みもつ群において、他のエレメントと連関しつつ存在する。

槇の議論を踏まえるなら、廃屋化は、都市というシステムに関わる事態でもあるということになろう。たしかに廃屋は、自己充足的なエレメントの一つにおいて生じている。とはいえ、このエレメントが都市へと含みこまれ、他のエレメントと相互連関するものであるなら、廃屋化は完全に自足し切り離された状態で起こるのではなく、都市というシステムとの連関において起こる事態ということになる。

多木浩二の「生きられる空間」

廃屋は、生活を営むところとなる空間がただの空虚ではないとしたら何であるかと問うための、手がかりである。たとえば廃屋を、都市というシステムの連関のなかで起こる事態と捉えるならば、それは都市空間において廃んだ空間が現れていることの兆候であるということになろう。

ただし、ここで一つ注意しておくべきことがある。つまり、廃屋は事物である、ということである。廃屋化は、家という、事物でできた空間において起きている。家は、人が住む空間だが、それでも、人の心の作用とは独立の、事物としてつくりだされた空間である。空間が、荒み、廃墟化する。それは、人がいなくなることと無関係ではない。それでも、人間の主観性、内面性とは独立の、物の世界で起こる事態である。

家とは何か。物理的構築物である。家の構成要素は、屋根や壁である。屋根や壁は、内側という、限定された空間領域をつくりだす。そして家という空間には、テーブル、寝具、掃除用具、食器、洗い場といった、日常生活に欠かせないさまざまな事物がある。家は、これらの事物の使用をつうじて、日々維持されていることを要する。さらに、家という空間には、そこで生活を営んでいる人がいる。生活を営むとは、住むということである。

家という空間は、物理的構築物でありつつ、人がそこで住むという営みが生じる空間でもある。この住むという営みが、家という空間を独自のものにする。その独自性を、多木浩二は、「生きられる空間」と言い表した。

どんな古く醜い家でも、人が住むかぎりは不思議な鼓動を失わないものである。変化しながら安定している、しかし、決して静止することのないあの自動修復回路のようなシステムである。摩滅したか風化してぼろぼろになった敷居や柱も、傷だらけの壁や天井のしみも、動いているそのシステムのなかでは時間のかたちに見えてくる。住むことが日々すべてを現在のなかにならべかえるからである。(88)

多木は、一九六〇年代に森山大道や中平卓馬と一緒になって『provoke』という写真誌を刊行するなどしていたことからも明らかなように、都市空間を身体性の観点から捉えようとしていた。工業生産様式のもとでつくりかえられていく都市を、身体と調和した本来あるべき都市なるものの観点から、批判的に捉えるという立場である。その立場は、当時の計画都市批判の風潮と連動していたと考えることもできるだろうが、一九七〇年の大阪万博への批判以降は次第に政治主義的な立場から離れ、都市のあり方を自らの身体性とのかかわりのなかで捉えるという生活に根ざした立場へと移行していく。(89)

その到達点の一つともいうべき一九七六年の著書である『生きられた家』の背景にあるのは、家は客観的秩序でもなければ生活の物理的な背景でもないという多木の信念である。事物が集積され、結合され、秩序立てられていくことを超えたところ、つまりは、住むという営みが生じ、空間のなかに定着していく過程に至ってはじめて、家が成立する。家が成立している状態とは、家が生きられる空間になっている状態である。

ではいったい、家はつねに生きられる空間になっているのか。すべての家が、生きられる空間なのか。家といっても、さまざまな家がある。身近なところを歩くだけでも、オートロック付きのマンション、農地が宅地造成されたあとに建てられたハウスメーカーの戸建住宅、有名建築家の設計による家、築一〇〇年の町家、戦後の高度経済成長期に建てられたニュータウンといったものを目にすることができる。多様な家がある。家は、そのなかに人がいて、生活していれば、つねに生きられた家になっているのか。さらにいうと、家が死んでいくということもありうるのか。

家を生きられる空間と捉えるならば、家にも死があると考えるのは理の当然である。多木の著書を読んでいると、彼もまた、家は死ぬことがあると考えていたことをうかがわせる叙述に出会うことがある。それは、民家の消失をめぐる叙述である。

> 汽車に乗って長い旅をしながら窓外をみていると、コンクリート・ブロック、トタン、カラー鉄板、プラスチックの波板、アルミサッシなどが国中にひろがり、家の面影を変えているのが手にとるように見えてくる。いわゆる民家はまもなく消えてしまうのだろう。(90)

民家は、農村の家である。多木はそれを「近代的な技術が介入する以前の人間の環境のなかで人間が住みついた家」と定式化し、民家が消えつつあることの根底に、民家を成り立たせていた条件の消滅をみいだす。すなわち屋根のための材料の欠乏であり、屋根を葺くための共同体的な「ゆい」の解体である。(91) 時代の推移が、民家を物理的実在として成り立たせていく条件を掘り崩していく。民家は消えていく。

民家の消滅は、時代の推移の結果生じた事態と捉えることもできる。人は都市へと移動し、都市が拡大し、農村が衰退していく動向のなか、新しい家の形式が現われるようになった結果、民家は衰退したのであると考えることもできる。そうであるとしたら、民家が衰退しても、新しい家のなかで人が住み、生活を営むのであれば、そこが新しく生きられた家になる。民家の消滅には、何の問題もないということになる。

それでも、多木の著書を読んでいると、家の死は、根源的なところで起こりうる事態として考えなくてはならないように思われてくる。多木は、生きられる空間である民家（世俗の家）だけでなく、「現実に生きられた時間の結果ではない」空間のことを論じているからだ。この空間は、建築家の作品であり、計画された都市であり、近代的な技術に介入された空間のことを意味している。多木は、二つの空間のあいだには裂け目があるという。民家のような空間は「インヴィジブルな慣習からなるネットワークとして織られている」世俗の世界に属するのに対し、生きられた時間の結果ではない空間は、この慣習、ネットワーク、世俗性を欠いている。(92)

多木は、空間には、生きている空間とそうではない空間があると考えている。その違いが、空間における人間の営みにかかわると考えている。だが、その営みをめぐっては、思考が明確であるとはいえない。ときに、慣習のネットワークといわれることもあれば、呪術や儀礼といった人間を超えた力の作用といわれることもあり、また、そこに住む人間の行為そのものといわれることもある。

その間には区別が必要である。多木は、生きられた家を、一方では民家のような共同体的原理にもとづくものと捉えているが、他方では、「知覚作用、知的（技術的）操作、欲望の深さにもとづく『生活術』に構造化された記号の織物（テキスト）」として提示する。生活術が空間を構造化するとは、「まえもって計画できるものではない経験の空間にあたえる質が形成される」ということでもある。(93)つまり、空間が生きているとは、そこで実際に人が生活を営む過程で生じる質感があるということである。

多木の思考は、生きている空間の条件に向けられている。だがそれは、徹底されていない。第一に、民家を成り立たせている条件をめぐる考察と、人間の営みが空間に質を与えるということをめぐる考察が、別々のものであるということが明確にされていない。第二に、多木は、生きられた家と建築家が建てる住宅を区別してしまう。「建築家がつくりだす空間は現実に生きられた時間の結果ではない」と多木はいうのだが[94]、こう考えてしまうと、建築家がつくりだす空間においても生活は営まれうるという事態が、思考不可能になってしまう。多木は、近代建築のことを念頭においている。そのなかには、建築家の作品だけでなく、計画された都市であるニュータウンの住居も含まれているだろう。多木の思考においては、建築家の作品も人工都市の住居も、生きられた空間ではない。そうなると、人工都市で営まれている生活経験から紡ぎだされる生活術が空間を構造化するといった事態が思考できなくなってしまう。

多木は、生きられた家を建築家の作品から区別することの理由について、次のように述べる。「住むことと建てることの一致が欠けた現代で、このような人間が本質を実現する『場所』をあらかじめつくりだす意志にこそ建築家の存在意義を認めなくてはならない[95]」。問題なのは、住むという営みと建てるという営みの不一致である。人間が本質を実現するとは、その生活の営みが、空間において質感を生じさせることであるが、多木のみるところ、現代建築や都市では、この質感が欠乏している。多木は、ハイデガーの議論を援用し、「住むことの意味の喪失」が欠乏の理由であるというが、そうであるならば、この意味の恢復が求められるということになる。

ところで、人工都市には何か本質的なものが欠乏していると、クリストファー・アレグザンダーは述べている。多木の思考も、この欠乏に向けられている。一九六〇年代から七〇年代という、都市空間の人工化が進んだ時代において、この人工化に、住むことの意味の喪失を読み取った多木は、アレグザンダーと関心を同じくしていた。そして、空間に質感があることを捉え、その質感にこそ、空間の生死があることを感知した点でも、多木の議論は優れていた。

それでも多木の思考は、人工的な都市空間を一律に生きられた空間ではないと捉えた点で、制約をうけてしまっている。多木の思考の根本には、次の信念があった。「建築における正統の哲学は、主体を外装した物を支配する論理としてあらわれる」。「それは世界を、物を操作する論理のなかに還元してしまったのではないか。とすれば、ひとりの具体的な人間の欲望、息づき、愛し、憎み、正気と狂気のあいだを行ったり来たりしている人間の実存は最初からのぞかれてしまったのだろうか」。「もし外在性をひきつづき極限まで進めたとき、人間がいなくてもすませる世界のはじまりがある(96)」。

多木の議論に対しては、次のように応答したい。たしかにニュータウンは、外在性の論理の帰結である。技術によってつくりだされた世界である。だが、そこに人間は住んでいる。のみならず、ニュータウンに人間が住むようになって、およそ半世紀が経とうとしている。外在性の論理のもとでつくりだされた生活空間を、生きることの根拠として受けいれ、そのもとで、生活を営んできた人たちがいる。私たちはもう、ニュータウンを思考するとき、住むことの意味の喪失や没場所性といった文化論的な観念を参照するのをやめるべきだろう。農村の民家のような家にある豊穣な意味はない。それでも、人は生きている。もちろん、ニュータウンが完全な生活空間であるとは断定できない。だが、ニュータウンが完全でないことの理由は、住むことの意味の喪失とは別のところにあるのではないか。その理由を考えることの手がかりが、ニュータウンにおける廃墟化にあると、私は考える。ただし、廃墟化を考えるためには、まずは何が廃墟化しているのか、廃墟化はどのようなところにおいて起きているかをしっかりと捉える必要がある。つまり、ニュータウンとはどのようなものかを、人間の内面性とは独立の外在的な世界と見立てて把握し提示することである。

ニュータウンは、精緻な論理にしたがって組み上げられている。快適で利便的で機能的な生活が営まれることの条件を、論理的に構築された精緻な計画図にしたがって、つくりだそうとしたことの産物である。そこには、情念や愛などという観念とは関係のなさそうな漂白された無機質な雰囲気が漂っている。

空間の外在性

それでも、ニュータウンは実在している。それは記号的な存在ではなく、事物によって構成された実在の世界である。「『世界』は人間を限定するものであると共に人間に由り各瞬間毎に新しく造られるものである[97]」と、田辺元は述べている。田辺は、人間の内面性とは独立している外在的なものとして世界をとらえる。世界には、内面性とは独立の空間性があると考えたところに、田辺の思考の独自性がある。「空間性は唯内から空間性として意識せられるに止まるものでなく、真に我と対立する他者の外在的契機が空間を成立せしむるに由り空間性が現れるのである[98]」。

田辺の思考の独自性は、田辺の同時代人だった和辻哲郎の空間論と対比することで、いっそう際立つ。なぜなら、和辻の空間論も、生と空間の一致の観点から空間を思考するものとして、読まれてきたからである。坂部恵は述べている。「和辻の主張は、〈身体〉や〈風土〉の空間性を外延的なそれとしてではなく、むしろ内包的な（メルロ＝ポンティのいう「身体の偏在」の）それとして、すなわち、そこでは、内が同時に外であり、外が同時に内であって、外のものもまたある意味で内側からいきられるような空間性として考えさえすれば、理解するのにとりたてての困難はないだろう[99]」。和辻は、外にある空間を、内との相即にあるものとして考えている。これに対して田辺は、空間を思考するとき、それを超出として、つまりは自己との断絶において考える。「超出は自己と断絶し自己の外にあるものへ超出することでなければならぬ。即ち超越には空間性が必要なる所以である」[100]。つまり空間は、自己の内面性へと内包されるのではなく、自己からの超出において、外在性において成り立っている。

ニュータウンの空間性を捉えるためには、田辺が示した世界の空間性へと、空間の外在性へと、思考を飛躍させることが求められる。私たちをとりまく世界は、私たちの外にある。心身の内ではなくて、その外にありつつ心身の営みの条件となって実在する。ゆえに世界は、身体との相即的な一致という結びつきにおいて捉えられるべきでなく、身体との切断において、そこからの超出において、捉えられるべきではないか。世界は、身体から超出している。ゆえにそこは、身体と調和した平穏な場所になるとはかぎらず、むしろ逆に、冷淡で酷烈な場となることもある。

ニュータウンを、心身との調和という観点から捉えるのは、基本的に誤っている。そもそもニュータウンは、身体の外において、構築された世界である。心身との調和を欠いているのではない。そもそもが、心身とは無関係に、つくりだされた世界である。

更地と充満

ニュータウンは、一つの世界である。人工的に構築された世界である。

塚本由晴は述べている。

何もないところから都市を作り上げていくニュータウンは、その開発の段階によって異なった都市像を結んでしまう。それはおもに都市的な機能の充足度として、具体的には鉄道や道路などのインフラストラクチャーや集合住宅、商業施設、公共施設などのビルディングタイプによって表わされる。その過程は、まず土地が造成され、次に集合住宅団地か戸建て住宅団地が建設され、そこに鉄道が通って都心と結ばれることでベッドタウンになり（住宅と鉄道の前後関係は逆転することがある）、次に学校や商業施設や公共文化施設が、さらには職住接近のための業務施設等が建設されるにいたって、普通の都市になっていくというものである。[101]

空白地、辻堂駅前にて撮影

塚本の述べていることを踏まえるなら、ニュータウンは、二つの過程で成り立っていると考えることができる。一つが、土地の造成である。それは、丘陵地を掘り崩し、平地にしていくことであり、あるいは、海浜を埋め立てていくことである。この造成が、ニュータウンという世界が成り立つための、第一条件である。造成に続くのが、住宅団地や戸建住宅の建設であり、鉄道の敷設であり、道路の建設である。これらは、造成されてつくりだされた空白地が事物で充たされていく過程であると考えることができるだろう。これが、ニュータウンの成立の第二の過程である。

宅地造成と事物の集積が、ニュータウンという世界を成立させる。空白の形成と、事物の充満。これが一つの世界を成立させてしまう。こう書くと、あまりにも単純なことのように思われるが、トリスタン・ガルシアは、この単純さに、重大な哲学的問題があることを感知し、それを次のように言語化している。

> 世界は、それが含みもつ事物に対して先立って存在しているアプリオリな入れ物ではないし、すべての事物のフィクショナルな集合のアポステリオリな心的構築物でもない。世界は、厳密に言って、事物と同時的である。あるいはより正確にいうと、各々の事物と同時的である。事物が存在するならば、世界も存在するようになる。[102]

つまり世界は、事物に先立つ入れ物そのものではない。事物で充たされることを待ち受けている空白地帯は、厳密に言うと、世界ではない。世界は、事物がつくりだされ、集積され、ひとつのまとまりを成していく過程で立ち現れてくる。ゆえに、空白があるというだけでは、世界にはなりえない。そして世界は、心的な構築物ではない。事物について抱かれる、観念、言語、記号といったものでなりたつ構築物は、世界ではない。世界は、事物が存在し、集積されることと同時に、現れてくる。

このガルシアの議論を踏まえるなら、ニュータウンは、次のようなものとして考えることができる。ニュータウンは、宅地造成と、団地や道路や芝生といった事物の建設という二つの過程で成り立っているが、この二つの過程は、いずれもが、事物として生じている。つまり、宅地造成は、事物で充たされることを待つ空白の形成を意味しているが、この空白の形成そのものが、世界の成立と同時的なのであって、その限りでは、宅地造成は、事物としての宅地をつくる過程である。ニュータウンという世界の成立は、宅地という事物が成立し、団地や道路や芝生といった事物が成立するのと、同時的である。

となると、ニュータウンにおける廃屋化については、次のように考えることができる。それは、ニュータウンという世界を充たす事物にかかわる事態である。人が不在になり、放擲され、荒れていく。不要とみなされ破壊され、除去されるのであれば、そこに空き地が出現する。つまり、宅地造成されて形成された空白が、またも現れたということである。空白は、新たにマンションが建設されることで、再び充たされることもあるだろうが、そのまま放置されていることもある。

ニュータウンを事物と捉え、事物で充たされた世界と捉えるならば、それを構成する要素としての事物の崩壊は、ただその個物に生じる事態としてだけでなく、事物が充たす世界にかかわる事態として、考えることが求められるのではないか。そう考えるためには、まずはやはり、事物としてのニュータウンがどのようにして形成されてきたかをたどり直してみる必要があり、さらにその形成においてどのような思考が試みられたかを検証してみる必要がある。

ニュータウンの空間秩序の論理

戦後日本のニュータウンは、都市化、人口増加、住宅難という問題状況にたいする解決として構想され、実現された。都市の人口増加と住宅難は、否定しがたい現実であり、何らかの解決案が提案されねばならなかった。その試行の結果の一つがニュータウンで、これが最適かつ合理的であるという理由で採用され実現された。

片寄俊秀は、千里ニュータウンの建設に大きな影響を与えたものの一つが、「住宅公団の委託研究で建設省建設研究所がまとめた『新住宅都市の計画基準に関する研究』」であり、そして、この研究に従事した一人である日笠端が「住宅地開発の問題と将来の方向」（『建築雑誌』一九五八年一月号）で展開した議論であったと述べている。[103] その論文中で、[104] 日笠はまず、住宅地の建設が、郊外電車の沿線に広がる線状開発やスプロール状の開発となって生じていることを問題化する。スプロールとは、「集団的あるいは連続的な市街地を形成することなく、点々と農地を食い荒らしてゆく」ことだが、これを日笠は、密度の観点から批判する。「上下水道・ガス等の給排施設を設置しようとすれば、一世帯当りの配管の延長がおそろしく長くなり、甚だ不経済である。また地域が広大なだけで支持人口は比較的少いので充実したショッピング・センターが形成されず、日常生活の買物その他に不便を忍ばなければならない」。つまり、高密度であるならば、上下水道・ガスなどのインフラのより効率的な敷設が可能になるし、また、買物のための拠点形成も効率的になる。さらに日笠は、スプロール的な開発の問題として、居住地と都心部との距離の遠さを指摘する。

こうやって把握された都市の問題状況にたいする工学的な解決としてニュータウンを正当化し、その建設のための計画案の基礎となるデザイン原理を提案したのが、日笠の論文であった。日笠は、問題を解決するための措置として、次の三点を提示する。

a　積極的な開発によるコンパクトな住宅地の造成
b　スプロール地域の抑制
c　農業地域あるいは緑地帯の設置

日笠は、この理論的構想案を具体化するものとして、新住宅開発地区（新住宅都市）を提案する。それは、「都市的規模を有する住宅団地の集団（少くも人口四―五万）」である。つまり、「土地区画整理事業を施工し道路・公園・上下水・ガス等の都市施設を完備した上で一般住宅の建設を許可する」ということであり、さらに、「地区周辺の通勤圏外の地域や低湿地その他住居に不適な地域は緑地とし、一般住宅の開発を抑制する」ということである。これらは、住宅建設が無秩序な拡張に陥ることを防ぐための方策である。住宅建設を、道路や公園、上下水道という共有物の整備との関連で進めることで秩序ある全体性の形成を促し、新都市自体を緑地帯で囲いこむことで拡散を防ぐ、つまりは秩序化である。秩序化され、抑制された新都市には、公共施設や商店街が設置され、中心地区が形成される。そして、児童公園、近隣公園、地区公園が設置され、幼稚園、小学校、中学校が設置される。このようにして住宅地には、そこで生活する人たちが交流するための共有空間が、設置される。

ただし、日笠の構想案においては、これらの交流スペースは、人口数、人口密度との関連で提案されるだけである。それが実際にどのように使われるのか、個々の住宅、あるいは新都市の外の世界との関係性はどのようになるかといったことについては、考察が十分ではない。都市建設が農村や自然環境にたいする負荷をもたらすといったことや、都市化が排気ガスをはじめとする汚染物質、廃棄物の増加の要因になりうるといったことは、視野の外に置かれている。また、計画され建設された当時においては最重要課題とされた人口増加は、現在では逆に人口減少（高齢者率の増加と少子化）に転じている。つまり、人口減少というありうべき問題への予測も、視野の外にある。

定住単位と媒介空間　黒川紀章の思想

人口増大という状況においてニュータウンという人工環境をつくりだしたということは、都市化への工学的な解決であった。当時は、これが最適とされた。だが、一度確定されてしまった秩序は一層の人口増に対応できないし、人口が減れば、この時期に拡張した居住空間が不要になるのは理の当然である。となると、ニュータウンが問題なのは、その空間秩序が、未来の変化の可能性を予期し得ない硬直した論理に基づくものであったからだと考えることができる。それは、人口の増減に柔軟に対応可能な秩序ではない。

そうであるならば、事物を配置し固定していく秩序の論理の改変が求められるということになる。人口が増加し、事物が増加し、都市が拡張していく運動性に対応可能な秩序の論理の提案である。じつは、メタボリズムに結集した建築家たちが共通の課題として取り組んだのも、この秩序の論理の改変であった。槇文彦は、群の空間論の背景にあった問題意識について、次のように述べている。それは、何よりもまず、二〇世紀前半から展開されてきた、近代的な都市計画の理論への反省である。槇は、近代的都市計画の問題を、こう把握する。それは、「機能の配置の理論であり、その配置があまりにも体系的であったために、住居、学校単位などのデザインにおいて、自己表現とその発展の弾力性を促進させるよりも、むしろ形式化させることになってしまった」[105]。つまり槇は、システムとしての秩序が都市の構成要素のありかたを一方向的に規定するという論理を問題化する。これに対して槇が提案する群の空間においては、システムが構成要素の動きへと内在化される。群の空間は、要素の動きと発展・変化、相互的影響において、形成される。このように槇は考える。

ところで槇は、みずからの群の空間を、黒川紀章の思考法とは違うものとして定式化している。槇も黒川も、メタボリズムグループに属し、機能の配置と固定化を特徴とする近代都市計画の論理に批判的であったが、槇のみるところ、黒川の理論の背後には、「巨大なスーパー・ストラクチュアをスケルトンとしており、そこへ個々のエレメントが結びついていくという思考のプロセス」があった[106]。つまり、黒川は、システムがエレメントを従属させ一方向的に規定するという思考から、脱却できていない。

それでも黒川も、配置と固定化の論理には、批判的であった。そしてその観点から、ニュータウンに対する批判を行っていた。黒川はいう。「完全に独立して自給自足するというニュータウンの思想から、都市の一部分としての定住単位の思想への転換が必要だ」[107]。定住単位への転換は、シャンディガールやブラジリア、さらには千里ニュータウンといったニュータウンの基本単位とされた近隣住区を、批判的に乗り越えようとするものであった。

黒川のみるところ、ニュータウンの基本単位である近隣住区は、独立した、閉鎖的な生活圏として構想されている。この独立、閉鎖性は、現代の都市生活の趨勢からみると、無理のあるものであると黒川は考える。現代の都市生活は、「閉鎖的な生活圏の消滅」に進んでいる。「都市を成立させている経済構造もより広い圏内を含めた開放系の構造へと変質している」[108]。開放系の構造に対応するのが、定住単位である。広大に拡張していく領域にむけて接続された単位としての、定住単位である。「メガロポリス的状況の中で成立する定住単位は、生活の活動パターンのかなめに形成された寄留地であり、定住基地としての性格をもつものとされる」[109]。

定住単位は、近隣住区とは異なるものとして概念化される。それでも、黒川が設計したニュータウンは、団地の集合体を基本としている。団地の集合が群をなし、その群のあいだには公園があり、公民館があり、小学校があり、空き地があるというようにして、複数の群がさらなる集合を形成するというようにして、一つの街がつくり出されていくという構成をとる。そのかぎりでは、機能主義的な都市である。黒川は、機能主義を乗りこえることを課題としている。だが、彼のいう乗り越えは、機能主義の否定を意味するものではなかった。つまり、機能主義の達成を尊重しつつも、その論理をさらに徹底化することによって、機能主義の限界を乗りこえるということが、課題であった。

ところで、近隣住区が問題なのは、都市という全体とのかかわりにおいて、そこから切断され、自足した状態にある閉鎖空間として形成されているからである。閉鎖空間は、都市という全体に対し、切断された関係にある。切断された閉鎖した部分空間が集められるところに成り立つ都市という全体もまた、自足した、閉鎖的な状態にあり、その外の世界との連関を欠いている。つまり、接続を欠いた状態で切り離された部分空間の集合としての都市もまた、閉じた全体性を形成している。

これに対して黒川は、定住単位を、まずは閉じることのないものとして、開かれたものとして構想する。それは、流動において開かれているということを意味する。「都市の生活構造は、急激に『活動集団』を基本とする『開放系の社会構造』へ移行している。固定的な地域や住区のパターンが無意味になり、流動する『活動集団』を支える都市のシステムを発見しなくてはならない[110]」。流動とは、「人の流動、エネルギーの流動、物資の流動、自動車の流動、経済の流動、風の流動、応力の流動、その他広い意味での情報の流れ」である。この流動に即して、この流動を活かし、増大させていくものとして空間を形成することができるか否かが都市建設の課題であると黒川は考えるのだが、そこで鍵となるのが、「媒介空間」である[111]。

媒介空間とは、流動の度合いやスケール、質の違う空間を、結合する空間である。それは主として道路、広場、街路など、交通のための空間であるが、黒川は、媒介、移動のための空間が、住宅や街区といった空間のあり方にまで及んでいると考えようとしている。住宅も、そのなかの部屋も、身体が移動する空間であるという点では、街路と同じである。住宅と街路が違うのは、各々における移動の速度、リズムといったものが違うからである。こういった異質な流れが混ざり合う状況において形をつくっていくことが、黒川のいう都市デザインである。

媒介、結合は、異質なものの混ざり合いや、交流といったことをかならずしも主目的としない。自動車と歩行者、居住空間と商業施設、通勤と遊び、公と私など、都市は異質なスケール、リズム、スピード、活動内容で充たされているというだけでなく、その間にさまざまな二律背反、断絶を生じさせているが、黒川は、これらの二律背反のあいだに共通する本質のようなものを求めて和解させるというのではなく、二律背反を認め、その共存を促すことを目的とする。[112] 多数の複雑な流れの和解、混淆ではなく、それらの違いをわかりやすくして共存させるというようにして形づくる、ということである。

拡張の果て

メタボリズムが課題としたのは、都市という生存圏の新たな創出であった。宅地造成し、団地や道路や芝生で充たす。空白の空間を創出し、事物で充たす。それは、人間の生存圏の拡張という運動性を促していく過程であったといえるだろう。レム・コールハースは、メタボリズム運動の背景にあった根本課題の一つを、次のように定式化する。

> 日本列島にスペースはもうない――日本はほとんどが山で、居住に適したわずかな土地は、何世紀もかけて細密な所有権のパッチワークにされている。[113]

居住に適した土地が不足している状況において、住むための空間をいかにして獲得するか。大日本帝国の崩壊により、植民地獲得による領土の拡大は不可能になった。ゆえに、空間の獲得のためには、国内の山林や農村、海洋へと、進出するしかない。その進出を主導したのが、メタボリズム運動であった。そして、メタボリズム運動の頂点が、大阪万博であった。万博会場は、千里ニュータウンと隣接していた。一九七八年に開催された講演会の基調講演（「国際文化都市・千里」）で梅棹忠夫が述べているように、万博の開催はただ一時的なイベントではなく、千里ニュータウンを含めた北摂一体を一変させた。

万国博のときには、会場に対する直接の投資額だけで二〇〇〇億円にのぼる投資がおこなわれています。隣接地域に対する関連諸事業を勘定にいれますと、いったいどれほど巨額の投資がおこなわれたか、見当もつかないほどでございます。その結果、この地域の開発は、大阪のベッドタウンとしての千里ニュータウンの境界をはるかにこえて、それこそ北摂七市の全域にわたって進行したのであります。交通条件をはじめ、さまざまな条件が一変しました。そして、その結果、たくさんの文化的公共施設が続々とこの地域に新設、移転、集結をはじめたのであります。(114)

北大阪急行電鉄が開業し、新御堂筋、中央環状線、中国自動車道が開通したのもこの時期である。北大阪急行電鉄は現在、江坂から千里中央を結んでいるが、万博開催時には、千里中央から万博会場を結ぶ路線が臨時で敷設された。地下鉄御堂筋線との連結により、なかもずから万博会場まで直接移動できたわけだが、その間には、天王寺、なんば、梅田、新大阪がある。つまり万博会場は、近畿圏の要所（和歌山、京都、奈良、神戸など）だけでなく、東海道新幹線を媒介することで首都圏とも接続されていた。つまり、万博会場の建設と連動して拡張され整備された交通網へと接続されることで、千里ニュータウンは、日本列島各地へと開かれることになった。

千里ニュータウンの変貌は、現在も、進行中である。たとえば、万国博の開催にあわせて建設された千里中央地区センターは、彩都西駅へのモノレールの延伸や、北大阪急行電鉄の北部への延伸計画にともない、北摂における交通上の要石へと変貌を遂げつつある。梅田から電車で一五分の距離で、モノレールで伊丹空港とも結ばれ、新大阪へのアクセスも便利な千里中央地区センター周辺では、マンション建設が進行している。

そして、ニュータウンの建設も進んでいる。たとえば彩都である。彩都の正式名称は、国際文化公園都市である。梅棹によれば、この都市構想への模索がはじまったのは、千里ニュータウンの開発が終わろうとしていた一九七八年であった。大阪府企業局長から意見を求められた梅棹は、箕面市と茨木市にまたがる広大な丘陵地帯を開発し国際文化都市をつくることを、素案として提案した。この提案がきっかけになって、一九八六年には、大阪府から基本構想が発表された。

万博公園の緑地

国際文化公園都市は一〇〇〇ヘクタールにちかい広大な土地である。そのなかに国際文化施設や住宅地区などが配置される。完成すれば人口約四万五〇〇〇の都市になる。国際文化施設地区には国際会議場、ホテル、学術研究施設などが予定されている。交通は三本の縦貫道路の建設が予定されているが、そのほかにモノレールがのりいれるはずである。モノレールは現在、阪急京都線の南茨木駅から北大阪急行の千里中央駅までが開通している。その万博記念公園駅から支線が万博公園の東側をとおり、大阪大学まえをへて、この国際文化公園都市の中心部までのびる予定になっている。(115)

梅棹が描き出すのは、万国博を起爆剤とする国際文化公園都市への成長というシナリオである。「千里の未来のイメージは、まだじゅうぶんに鮮明になっていないようです。おそらくは、この地域における文化施設、研究・教育施設の集中によって、一種の文化都市、あるいは研究学園都市というような性格をつよめていくのではないかとおもわれます(116)」。

＊

彩都には、モノレールの駅（彩都西駅）がある。駅前には、コンビニや雑貨屋（Francfranc）があり、複合型のショッピングセンターがある。学習塾もある。銀行もある。駅から道沿いに歩くとマンションがあり、戸建住宅の集合体がある。小学校もあれば、公園もある。住むことに必要な要素は、ひとそろい揃っている。そして、自動車道路が多い。自動車道路が中心で、その周囲に、居住と遊びと買物といった日常生活のための空間が配されている。高密度の居住地区が、島状に点在し、その間を自動車道路が接続するという形状である。島状の居住地のなかの住人たちは、インターネットや自動車で外界へと接続されている。そして、造成されても空白のまま、放置された場所もある。それらはフェンスで囲われている。空白は、いずれ充たされるための空き地として、確保されている。つまり、建売住宅、マンション、学習塾、雑貨屋、スポーツクラブ、コンビニ、居酒屋、TSUTAYAといった施設が、そこを充満することになるだろう。

コールハースは、現在の郊外都市を、ジェネリック・シティと呼んでいる。そこは、「ただひたすら今のニーズ、今の能力を映し出すのみである。それは歴史のない都市だ。大きいからみんなが住める。お手軽だ。メンテナンスも要らない。手狭になれば広がるだけ。古くなったら自らを壊して刷新する。どこもエキサイティングで退屈だ」[117]。住むことが必要とされれば住宅が建てられ、受験勉強が必要とされれば学習塾が建てられる。老人が増えれば介護のための建物が建てられる。空白と、そこを充たす建物がある。必要とされれば空白は充たされるが、必要がなければ空白は放置される。また、不要とされた施設は壊され、空白になる。

つまるところ、ジェネリック・シティの論理は、空白を確保し、必要な事物で充たし、不要になったら空白をつくり、また必要な事物で充たすということに尽きる。そこでは、人が住み、生活し、学習や通勤や育児や家事や買い物といった活動をおこなう。必要なものは揃っている。新しい要求があれば、不要なものが淘汰され、あるいは新たに土地が造成されることで空白がつくられ、必要とされる施設で充たされる。

これは都市なのだろうか。必要とされる施設があり、人が住み、活動している。交通機関もあり、道路もあり、水道も電線もガスもある。都市は人間の基本的な必要を充足させる施設の集積であると考えるのであれば、彩都は都市だといえるだろう。

だが、都市はたんなる物理的な実在以上の何ものかだと考える立場もある。梅棹は、彩都を「一種の文化都市」になるというシナリオを描いているが、文化都市とはつまり、物理的実在以上の何かを生じさせている都市ということである。この文化性なるものは、ただ人間の必要性を充足させる施設を集積すればおのずと生じるようなものではないと私は考えるが、梅棹には、この文化性が何であるのか、明確に述べることができていない。

気配と錯綜体

都市にある文化性を捉え提示するためには、都市がかならずしも物理的実体だけで構成されているのではないと考えていくことが求められる。ただし、そう考えるからといって、それは、都市が記号や言語へと還元できると考えることを意味しない。磯崎新は述べている。「都市空間はそれゆえに、一種の雰囲気そのものにも似た、非実体的な霧のようなものとしてイメージするのが適当である」。「人間をとりまき、その五感のすべてに訴えかけ、または五感によって感じとっているものこそが都市空間である(118)」。つまり都市には不可視のもの、非実体的なものがある。これを磯崎は、「気配」「雰囲気」「かいわい」といった言葉で指示するが、この非実体性ゆえに、都市空間は、「領界があいまいで、流動している空間」として捉えるのが適切なものということになる。

非実体性、流動、あいまいといった性質のそなわるものとして都市空間をイメージすると、どのようなものになるだろうか。まずは、物理的実体としての施設の集積があり、そこに非実体的で、流動的で、あいまいなものが付加されてくると考えるのではなく、都市はそもそもが非実体的で流動的であると考えてみる必要があるだろう。非実体的で流動的であいまいな世界として、都市は成り立っている。そこに、住宅や道路や芝生やテニスコートといった物理的実体が入り込み、この流動的な動きにおいて、その実体性が融解し、互いに浸透していく過程で、形を成していく。

非実体的で流動的であいまいな都市。トリン・T・ミンハは、未来都市は「根本的に多数的」で、その窓が「深遠へと開かれている」と述べたうえで、多数性、開放性を、自然との接点で、考えようとする。トリンは、ジョン・ケージが自然を「水、空気、空、地球の合作」と述べつつみずからの音楽をエコロジカルなものと評していたことに着目し、自然の模造である芸術作品と、自然そのものである芸術とを区別する。(119) トリンは、自然そのものとなっている芸術を評価するのだが、そこで彼女が注意を向けるのは、東洋の芸術である墨絵である。墨絵は、「自然と、人間の行為・感情・思念の双方の生成を描写する運動性を物質化する芸術作品」である。つまり「物事を、その生成において把握する」。そしてトリンは、墨絵における生成の原理の論理を提示したのが、ドゥルーズとガタリであったと論を進める。

すなわちトリンは、ドゥルーズとガタリのいう「一へと還元されることもなければ、一から導き出された他へと還元されることもない」リゾーム（錯綜体）が、「部分集合ではなくて、動いている複数の方向性で構成されているもの」として提示されていることに着目する。(120) つまりリゾームは、動きの錯綜である。何ものかへと成るという動きが複数錯綜し、相互に絡み合うところにおいて、存立している。ゆえに、リゾーム状の世界には、始めもなければ終わりもない。何かになろうとしている動きだけがある。そしてそれらの動きは多数であり、一つに統合されることなく錯綜している状態にある。

リゾームを、動きにおいて捉えるというトリンの視点は的確である。ドゥルーズとガタリは、リゾームを、樹木状の組織体と対置しているが、たしかに彼らはその違いを、ただ形状の違いだけでなく、運動性の違いにおいて提示しているからである。リゾームという「多様体は外によって定義される。つまり抽象的な線、逃走線、あるいは脱領土化線によって定義されるのである。それらの多様体は、他の多様体と接続されるとき、こうした線にしたがって性質を変える」。(121) リゾームは、外と接続されている。

ただしその接続は、脱領土化という、それ自体外へと向かう運動性における接続である。内向きの状態にある一つの多様体が、その外側にある他の多様体と、内向きの状態を保持したままでつながるというのではない。多様体は、内向きの状態を逃れるという運動性にしたがって外へと接続されることではじめて、リゾーム状のものとなる。

この脱領土的な接続が、ドゥルーズとガタリのいう非意味的切断（rupture asignifiantes）である。ここでいう非意味的は、無意味というよりはむしろ、意味づけを拒み、逃れることを指示している。つまり、非意味的切断は、意味のありすぎる切断と対置されている。「諸構造を分離し、あるいは一つの構造を横断する、あまりに意味をもちすぎる切断に対抗するものだ[122]」。意味をもちすぎる切断は、垂直的に統合し、序列化するというようにして、切断された状態を明確にする。ドゥルーズとガタリは、この意味をもちすぎる切断に対抗するものとして、非意味的切断を考えている。「リゾームは任意の一点で切断されたり断ち切られてもかまわない。リゾームは、それ自身のしかじかの線や別の線にしたがってやり直す[123]」。非意味的切断は、ただただ無意味に切断されることではなく、意味のありすぎる切断とは違う状態において生じる切断のことである。意味のありすぎる切断への対抗は、無意味化によってではなく、意味を欠いた切断という別種の運動性として起こっている。そして切断は、ただ切断としてのみ生じるのではなく、別の線への接続をつうじたやり直しとして生じる。任意の一点で切断されるということは、すでにある多様体において、その外へと向かう運動性がその一点において局所的に生じているということであって、この運動性が、外との接続を生じさせていく。かくして、錯綜状態にある多様性の形成がうながされていく[124]。

複数の動き、生成の網の目。錯綜体。この内に、人間もまた組み入れられていると、考えてみること。

表２

事物	更地	充満	老朽化
気配	空白	空虚	荒廃

人間がみずからの世界を都市としてつくりあげていくという営みは、己と切り離されている客観的な対象の操作ではなく、己が根ざす錯綜している自然において、都市という文化の世界を生じさせていくものになるだろう。坂部恵は、アリストテレスの議論を注釈しつつ、制作の営みを、「自然に根ざしつつ自然を超えるものである」と定式化している。(125) つまり、制作は、人間をもその一部分として含みもつ自然において、自然を客観的に支配するのではないが、自然そのものの流れへと完全に身を委ねるというのでもなく、自然を超えつつ、形をつくりだしていく。人間の営みは、錯綜体を織り成す動きの一部でありつつ、この動きに、形をあたえる。都市は、錯綜体という、非実体的で流動的であいまいなものを基底とする。

ニュータウンは、このような錯綜体から離脱し、自己閉塞している。その結果が、空虚で停止した雰囲気であると考えることもできるだろう。ただし、ニュータウンの空虚は、論理的な過程の帰結である。ゆえにただニュータウンを外へと開き多数多様な交流を生じさせ、あるいは、切り離された空間を重ね合わすというのでは、経験的な水準では動きが生じるかもしれぬが、論理的な水準では、空虚は不変の状態である。黒川紀章の思考と実践の限界はここにある。黒川は、事物の水準で空間を操作し、秩序の変更を試みたが、気配の水準で空間を捉えることができなかった。気配の水準を考えるには、より抽象度の高い思考が求められる。

小括

以上の議論を図表化すると、上のようになる。（表２）

事物としてのニュータウンは、具体的に経験される。目で見ることも、手で触れることもできる。歩くこともできる。それに対し、ニュータウンにおける気配（ないしは雰囲気）は、視覚や触覚で直接的に捉えることはできないが、それでも、ただただ感じられるものとして、実在している。

私たちはニュータウンを、二通りのやり方で経験している。一方は事物の水準にかかわる。コンクリートやアスファルトやガラスや鉄を構成要素とする事物を、事物として経験している。それに対し、もう一つの気配については、ただ感じられる何ものかとして経験している。ジル・ドゥルーズは、それらの違いをこう論じる。

感覚されるものの存在とは何か。この問いの条件に即していうならば、それへの応答は、（経験的な行使の観点からいうと）感じることはできないが、それと同時に（超越論的な行使の観点からいうと）感じるよりほかない《何ものか》の逆説的な存在を述べなくてはならない。(126)

感じるよりほかない何ものかがあると、ドゥルーズはいう。それは、何ものかであるかぎりでは実在している。つまり、観念ではないし、妄想でもない。だが、視覚や触覚などの経験だけでは把握するのがむずかしい。つまり、普通に歩いて周囲を見ているだけでは把握できない。

ニュータウンに漂う気配は、ドゥルーズのいう超越論的な経験においてのみ把握の可能な、ただただ感じられるよりほかない何ものかである。気配は、現実に生じている。それでも客観主義的に記述することはできない。これを言葉にするためには、芸術的な感性と抽象度の高い言語感覚が要請されるのだろうが、おそらく、坂部恵のいう「かたり」も、このような気配にかかわる。

表2の下部において提示した、「空白―空虚―荒廃」は、ニュータウンにおいて、空白、空虚、あるいは荒廃として現実に生じている。だがそれも、空虚や荒廃といった言葉を与えられることで私たちははじめてそうだと気づき、考えるようになるといった類のもので、そのような言葉がないならば、私たちは、雰囲気として、気配として現実に生じているのにも拘らず、それに気づくことのないままやり過ごすことになりかねない。

この雰囲気、気配を、どのようなものとして考えたらいいのか。雰囲気の違いは、どこから生じてくるのか。ニュータウンに即していうとするなら、完成された当時のままの状態にある空間と、老朽化が進む空間は、違う雰囲気を漂わせている。前者は新品状態だが、隙間がない。それに対して後者は、錆や崩れが生じているというだけでなく、雑草がコンクリートの隙間から生えているというように、緩みが生じている。これは確かに荒廃といえるが、それを緩みと捉えるならば、別の何かを感じることができるのではないか。

そのためにも、ニュータウンという空間に漂う空虚としかいいようのない雰囲気について、論理的に考えておく必要がある。

第四部

第一章　都市の物語　箱、錯綜、混淆

　人間生活は、子育て、研究、会話、散歩、料理、音楽、読書、メール、打ち合わせ、通勤通学といった無数の主体的活動で構成される。マヌエル・デランダの主張を踏まえていうならば、その各々が、精神とは独立の世界において、現実的な出来事として起こっているということになろう(1)。ではいったい、このような出来事をいかにして捉えたらいいのか。精神とは独立の世界とはどのような世界であるか。本書では、こう主張したい。この出来事の現実性は、空間性のある世界において営まれているものとして考えることができる、と。つまり、各々の人間活動は、何らかの外的空間と特別に結びついている。私室、街路、公園、市場、ショッピングモールといった空間である。

　都市は、そのような空間世界が寄せ集まっていくことの過程で、具体的に形象化されている。そして都市は、人間がつくりだした世界でもある。道路を敷設し、広場をつくり、建物を建てるという無数の営みが、都市を成立させる。デイヴィッド・ハーヴェイは、ロバート・パークが次のように述べていたことに注意をうながす。「都市は、人間がつくりだした世界であるとしたら、そこは人間が今後も生きることを強いられるようになる世界である。かくして、都市をつくることで、間接的に、そして自分がしていることの性質をはっきりと自覚することもなく、人間は己自身を作りなおしている(2)」。

ところで、計画的に建造された人工都市の典型であるニュータウンも、人間生活を成り立たせている。空間と人間活動のあいだの相互的な関係性があるという点では、ニュータウンもまた都市である。それでも、たとえばギー・ドゥボールのように、ニュータウンでの生活は、人間性や都市性の本質の欠如したものであると批判する人もいる。(3) つまり、「本来的な生活」が欠けているという批判である。この主張に対しては、ニュータウンの独自性を、人間性や本来性といった概念を抜きにして考えることが可能であると主張したい。つまり、ニュータウンは、停止した世界である。そしてこの停止状態は、人間のふるまいの相互作用の停滞にかかわる。ふるまいが停滞するのは、ただ人間の内面性の問題（内向性など）というだけでなく、ふるまいを生じさせる空間にかかわる問題、空間性のある場にかかわる問題でもある。空間の形成にかかわる問題である。

生活の悪化

フェリックス・ガタリの「三つのエコロジー」は、人間活動と世界の相互関係の問題を探求しようとしたものとして、再解釈することが可能である。ガタリの考察は、近代の人間が置かれた状況を、人間生活の形骸化・空虚化と捉えたというだけでなく、形骸化・空虚化が、外的世界の変容と連動すると捉えた点で、独自のものであった。ガタリは、地球環境の科学技術による変容と並行して、「個人的かつ集団的な人間の生活様式もしだいに悪化の一途をたどっている」と述べている。(4)

生活様式の悪化とは、どのようなことか。ガタリがいうには、それは過去の美徳の喪失ではなく、生活形式の構築の過程がうまく作動しないことのために生じている。ガタリはそれを、行動様式の画一化、形骸化、表現の貧しさにかかわる問題として把握する。

親族のつながりは最小限に切りちぢめられる傾向にあり、また家庭内の生活はマスメディアの消費のためにむしばまれている。夫婦生活や家族生活は往々にして一種の行動の画一化によって「形骸化」しているし、隣近所とのつきあいも一般にこのうえなく貧しい表現しかとりえないようになっている。(5)

親族間、家族間、夫婦生活、近隣といった人間関係において表現が貧困化し、形骸化するとは、つきあいの頻度が乏しくなり、友好性の度合いが低下するといったことだけではない。たとえつきあいが頻繁で、友好的なように見えても、その表現は、テレビのドラマの俳優たちの振る舞いにそのまま適合しているだけの紋切り型として行われているだけのものであることもありうる。つまり、表現の貧困化は、主観的な内面性の領域においてではなく、人間が実際に生活を営み、相互にかかわっていくことの条件となる場に触れるところにおいて起こる。それは人間が生活しているところで起こり、そこで生きている人間に対し、有無をいわさぬ効力を及ぼす。

ガタリの議論が独特なのは、表現の貧困化を、人間主体に対し外的なものとの関わりにおいて考えようとするからである。「社会、動物、植物、宇宙的なものといった外的なものと主体との関係が、危うくなっている」とガタリはいうのだが、そのうえで、ここで生じていることを、「他性があらゆる凹凸を失っていく」事態と捉える。(6) 他性が凹凸を失うとは、外的な世界が平坦になることを意味している。ガタリはその例として観光に言及する。そこでイメージや行動は騒々しさとともに増殖するが、その内実は空虚である。

他性の平坦化は、ただ人間の行動の空虚化だけでなく、その人間がふるまい、生きていることを可能にする条件としての世界のあり方そのものにおいて起きていることを指し示している。というのも、ガタリは、人間生活の条件となる領土的なもの（彼はそれを実存的な領土という）もまた分極状態にあると考えているからだ。「それは層状をなして死滅していく反復性の方向へ行くか、または何らかの人間的な企画によってみずからを『居住可能』なところにしうる実践を起点とした、自己成長的な開放へむかうかの、分岐の可能性をはらんだものにほかならない(7)」。

集団性と詩的触媒

人間相互のあいだでのズレと緊張感は、日々の生活につきもののことだが、何ゆえにそのようなことが起こるのか、それをどう解決したらよいのかとなると、多くの人には理解困難で、場当たり的にやり過ごすしかなく、ひそかにストレスを蓄積させていく。

ガタリの主張が重要なのは、この日常的に経験されるズレと緊張感が重大な問題であることを認識し、何がおかしくなっているのか、何が必要とされているのかを問い詰めようとするからである。しかもガタリは、この日常的に経験される生活様式の悪化を、ただそれだけで、ミクロな規模で完結したものとして捉えるのではなく、より広大なスケールに位置づけられることとして、地球環境の悪化や、国際関係の秩序における変動と連動して起こる事態として捉えようとしている。なおガタリは、日常世界がそれだけで自足したものではないと主張しているのであって、日常世界が国際秩序から演繹的に導出されるとは言っていない。そうであるなら、日常世界は国際秩序に従属するということになり、日常世界を変えるためには国際秩序を変えなくてはならないということになりかねないが、ガタリはあくまでも、日常世界から変化を起こそうと考えている。そこの違いは重要だろう。ガタリはいう。

私たちの目前にせまっているのは、冷戦の対立構造がぼやけていくにつれ、生産性至上主義の現代社会から生まれ、人類の存亡にかかわるまでになった由々しい脅威が従来よりもくっきりと見えるようになった時代です。地球という惑星を舞台にした私たち人類の生き残りを危うくする脅威には環境の悪化だけでなく、社会的連帯と心的生活のあり方を支えてきた織り目のほころびも含まれているので、これらを根底から作り直さなければなりません。(8)

生活様式の悪化は、社会的連帯と心的生活のあり方を支える「織り目のほころび (dégénérescence du tissu)」として進行しているとガタリはいう。しかもこのほころびは、地球環境の悪化と並行して進行していくというのだが、ではいったい、この「織り目」とはどのようなものか。この「織り目のほころび」を根底から作り直すとはどのようなことか。

まず織り目とは、集合的なものである。集合的であるということをガタリは、「まとまりで存在するということ (l'etre-en-groupe) の諸々の様態の集合(9)」と言い表す。つまり、集合的であるということは様々なあり方で形成されるものであり、様々に形成されたあり方にある集合性が複数集まり連鎖していくというようにして生活様式の根拠となる「織り目」が織り成されていくと考えることができようが、集合体で存在するということは、ガタリによれば、構造やシステムとして定まった状態においてではなく、運動し、変化し、みずからを形成していく過程において起こる事態である。(10)

これがガタリのいう subjectivité（主体性）の生産である。主体性の概念は、『三つのエコロジー』や

『カオスモーズ』、さらにはこれらに先行する『分裂分析的地図作成法』において現れるようになる主要概念の一つだが[11]、ガタリがいうには、主体化の過程は、かならずしも個人を経由するものではない[12]。ガタリは、集合体の状態で存在するという意味での主体性と、個としての主体とを、区別している。つまり、集合的であるということは、個人としてあらかじめ定まった状態にある人々が複数で集まるところに形成される状態であるというよりはむしろ、個人として定まることに先立つところで作動する過程のことである。

「集合的」という語は個を超えた社会体の方面でも、個人の手前にある前―言語的強度の方面でも展開を見せ、明確に限定された集合の論理よりも、むしろ情動の論理に属する多様体の意味で理解されるべきなのです[13]。

個人は、この情動の論理に属する多様体の中を生きているが、この多様体という過程の「端末」に位置するというあり方で生きている[14]。そのため、この情動の多様体としての主体性を、個人のただ一人による働きかけだけで変化させるのはむずかしい。集合的であるということとしての主体性の生産の過程を変化させていくことへの働きかけが要請されるが、それはどのような働きかけであろうか。

ガタリは、芸術が重要であると述べている。ただし、それはただ作家の内面性の吐露、私情の披瀝などというのではなく、集合的な主体性の創出にかかわる作用としての芸術である。ガタリはそれを、詩的――実存的触媒として概念化する。「人為的に密度を下げられ、孤立状態に逆戻りさせられた主体化の宇宙を組織しなおす作業にとりかかるのは広い意味で詩的機能だということになる[15]」。ガタリがいうには、詩的機能は、「メッセージの伝達」や、「同一化の土台となる心象」に対して備給をおこなうものではない。つまり、それがすでにある言説的な秩序を平衡状態において維持・強化するためのメッセージとして、集団としての同一性を強化する方向（それはつまり、他性への無理解、自己への閉じ込もりという排他的な状態を強化することである）で発されるならば、たとえいわゆる詩的な表現の体裁をとっていたとしても、「社会的領野のなかでありきたりに流通している形態や意味作用」へと加算され、意味あるものとして登録され、流通していくものにしかならない。

ガタリのいう詩的機能、詩的触媒は、孤立した状態にある個々人を、既存の意味作用（形骸化した意思疎通の循環回路）を断ち切るということをつうじた主体性の再組織化により、言説的な領域に限定されない領域において、集合的なあり方で存在させていく作用のこととして、考えることができるのではないか。つまり、ガタリによれば、「触媒の効能は、活発な過程的断絶をうながし、記号によって構造化された明示的意味作用の織り目をほぐしていく能力にある」が、断絶と、意味作用の織り目の分解の動きには、「新たな実存の体系を構成する相互に異質な要素を一つにまとめるだけの力がある」(16)。

つまり、詩的なものが触媒となって、集合的なあり方で生きていくための「織り目」が再構築される、ということである。ただし、ガタリのいう詩的機能は、あくまでも触媒としての働きであって、「織り目」の再構築、つまりは主体性の生産をおこなう機能である。作品が作り出されていく過程において、相互に異質な要素がまとまっていき、集合性としての主体性が生産され、個人への閉じ込もり、他性への無理解といった状態の克服が現実に起こるならば、この作品は成功している。

機械状の主体性

詩的機能、触媒は、主体性の生産にかかわる。ただし、ガタリの議論に即していうなら、それは個々人の一人ひとりの内面性、自我意識といったところで作動するものではない。詩的機能にかんするガタリの考え方は、自我意識を外的世界の現実性との対決によって深め、表現の根拠をこの深化された自我意識に即して成立させるといった考え方とは異なっている。

そもそもが、ガタリの提唱する主体性についての考え方は、物質性と身体性から遠ざけられた魂や主体といった考え方や、経済的な下部構造に対する上部構造に属するものといった考え方とは異なっている。一九八九年という、冷戦後の世界秩序が始まろうとしていた状況においてガタリは、主体性を、「複数の機械状システムに依拠するもの」として定式化しようとしている。[17]

それは情報機械であり、コミュニケーション機械を含む機械であるが、そうした機械状の主体性の出現を、ガタリは、「惑星規模の情報化の時代」に特有の事態として把握しようとする。つまり、「一般化された等価性の原理にもとづく、知と技術の資本主義的な脱領土化の時代」と区別される、情報化の時代である。[18] 情報化は、二一世紀に入って急速に進展したが、たしかにそれは私たちの生活様式を根底から作り替えている。ガタリは、それを基本的には創造性と特異化の可能性を含み持つものとして捉えようとはしていた。だがそうはいっても、現状を観察するかぎりでは、ガタリが危惧した「自己への閉じ込もり、マスメディアによる幼稚化、人間的世界や宇宙的次元における差異や他性への無理解」という事態もまた、情報化の進む過程で進展しているように思われる。この自己への閉じ込もり、創造性の枯渇状態の解決において鍵となるのは、詩的機能、詩的触媒の作動だが、それは、機械状のものとしての主体性の活性化につながる方向で作動するものでなくてはならない。

ドゥルーズとガタリのエコロジー論についての論集に収録されたある論文では、彼らのいう機械に関して、言語によって構築されるものとしては捉えられない領域にある「物質」(matter) に関わるものとして概念化されていたというようにして考察を進めることの可能性が示唆されている。

物質は、世界が様々な機械——自己組織化する機械、秩序化された静態的な機械、動態的な機械、生物的な機械、そして表象の言説的で文化的な機械——から構成されているという意味で、機械状である。なお、この言説的で文化的な機械は、文化／言語構築主義がそうであってほしいと望んだたぐいの「支配的な機械」ではなく、多くのうちでのただ一つの機械である。(19)

つまり、機械状のものとしての物質という概念のもとでは、表象、言説的なものもまた、多くの機械のうちの一つの機械として、捉えられてしまう。表象や言説的なものは、言語構築主義的な立場のもとでは、自然の要素や物質を言語的に構築することをつうじて馴致する特権的なものとして捉えられてきたが、ドゥルーズ＝ガタリの機械の考え方においては、表象や言説的なものも機械状のもののうちの一つで、他の機械との連結、編成によって、機械状の主体性を生産する要素と捉えられている。

となると、詩的機能も、言説的なものに限定されるのではないということになる。詩は普通、言葉による表現の作品化であると捉えられたが、ガタリの議論にしたがうなら、詩的機能は、言葉にかぎらぬ様々な機械を連結し接続させていくことによって主体性を生産していく営みであるということになる。『アンチ・オイディプス』では、いたるところに機械があり、「連結や接続をともなう様々な機械の機械がある」と述べられている。(20) つまり、彼らのいう機械は、様々な要素が連結し、接続されていくところにおいて作動する集合体のことといえるだろうが、様々な要素には、言説、音、映像、鉄やガラス、木や水など、様々なものが含まれる。

ティモシー・モートンは、ＤＪについて論じた箇所で述べている。「音楽における機械の使用は、深さという幻想に立脚することなく、むしろ、人間存在の柔軟性を喚起する新しい形態をもたらしてきた」(21)。そうであるなら、機械状の主体性の生産における豊かさは、外的現実と対峙する内面性の豊かさ、強靭さ、深化といったことではなく、人間存在の柔軟性、可変性、絶え間なく連結し、接続し、編成され、刷新され、拡張し続けていくことの運動性の豊かさを意味する。また、この連結、接続は、ただ言葉だけでなく、音、映像、ダンスといった身体表現など、非言説的な素材のあいだにおいても生じていくと考えることができる。

こうしてみると、ガタリが問題化した生活様式の悪化は、言葉や音や映像や木材やかわらやガラスなどを含みもつ諸々の表現的な素材の編成における、主体性の生産の不具合、空転ゆえに引き起こされる事態であるということになる。そこにはもちろん、マスメディアの影響がある。それに関してガタリは、「情報革命が人の一挙手一投足だろうと、地球に残された最後の秘境だろうと、すべて陰鬱な色調で塗りつぶさずにはおかないという状況(22)」と、批判的に捉えている。

しかしながらガタリは、この情報化の進展を、かならずしも拒絶しない。情報化が起こる以前の無垢な状態を回顧するのではない。情報化において支配的な風潮となってしまっているマスメディア化をいかにして乗り越えるかが課題であると考えようとしている。マスメディア化は、情報化の必然的な帰結ではなく、それとは別の方向への展開も可能であると考えようとしている。

ガタリがいうには、様々な素材の集合の編成の活性化は、機械状の主体性の絶え間なき連接、接続、刷新を引き起こしていく審美的な実践により可能になるが、そのような方向の一つが、抑圧的なマスメディア的な近代化がポスト・メディア的な段階へと進んでいくことである(23)。つまり、情報革命が主体性の生産に対して及ぼしうる潜在力をガタリはけっして否定しない。むしろ、それが何ゆえに、疎外、マスメディア化、幼稚な政治的コンセンサスに至りつくのかということを問い、その克服の方法を模索している(24)。

ガタリは、ポスト・メディア的段階において成り立つ機械状の主体性の集合体を、「言葉と、面と向かってのコミュニケーションに依拠する言表行為の古い形式」と区別して、「情報のメディア的な流れ」に即するものと捉えている。つまり、情報化以前の段階への回帰ではなく、マスメディア的状況に逼塞し、人間の循環回路の空転に陥っている状態から脱却し、さらに先へと進むことの重要性を説いている。情報の流れとは、意識による直接のコントロールを逃れてしまう複雑な記号群のことだが、ガタリがいうにはそこでは、「人間的なものの領野の特質が曖昧になり、よりいっそう根源的で未来志向的である特異化の過程」が起こっている。

ガタリの言っていることを踏まえていうなら、人間は、情報化により加速され、増幅されていく機械状の流れのなかへと飲み込まれ、音や木、鉄や石などといった自然界の様々な要素と、さらには、言葉や音や映像といった様々な記号の流れと交錯し、接続し、動的に編成されていく諸要素のうちの一切片となって集合的な主体性を生産していくことを通じて、外の世界へと開かれることになり、自己への閉じ込もりの状態からの脱却が可能になると考えることができるだろう。

物語と都市

ガタリは、「世界の永続的な再創造にかかわる新しい物語」について論じている。[25] 情報が優位となった時代においては、物語という、経験をその伝達者の身体性（口調、身振りなど）とともに伝えていく様式が顧みられなくなり、経験の価値低下が起こるというベンヤミンの議論に触れつつ、ガタリは、つまるところは抽象的な情報になることのないものとして経験が伝達される状況こそが望ましいと主張し、その条件について、「諸個人が他者に対して連帯的であると同時に、他者とますます異なった存在にならねばならない」という。[26] この異質発生的な集合性の形成が、詩的触媒としての物語を要する。

ガタリは、人間の集合的な存在様式が、主体の外にあり、その支えとなる外的な世界とのかかわりのなかにあると考えている。それでも、外的世界と人間との関係については、ガタリの考察は不徹底である。ガタリは、外的世界とのかかわりのなかで人間存在を考える必要があることを理解しており、また、外的世界の再創造には物語が必要であることも理解している。だが、物語において新たに形成される外的世界がどのようなものか、そのイメージが鮮明でない。

ところでガタリは、安部公房を評価している。[27] たしかに安部公房の小説も世界の再創造の物語であった。その点で、ガタリと安部は、関心を同じくしたと考えることは可能である。しかも、安部もまた、世界の再創造のための場を、人間の内面性の深さや観念に求めるのではなく、外的世界において、それも都市において見定めていた。

国家がもしゼロになれないなら、見えないほどの有能な存在であってほしいということだな。それは多分消滅へ向かって、一歩でも二歩でも踏み出しながら、一つのビジネスになっていくような国家だろうな。
言葉を変えれば、都市の国家に対する自律性の回復と保証ということかな。だからといって現実の都市に、すぐに未来や希望があるといっているわけではない。ただ人間が脱出する方向が仮にあるとすれば、その方向しかないだろうということなんだ。(28)

安部は、一つの展望を打ち出している。つまり、国家と都市の関係である。国家は、最小限度のものになる。治安、福祉、教育、道路や橋の建造、国防など、国家がなければできないことの最小限度の担い手になることを意味する。ただし、安部の主要な関心は、国家にはない。むしろ、国家が最小限度のものになることの条件に向けられている。

それを安部は、「都市の国家に対する自律性の回復と保証」に見定める。それは、ただ都市が国家から自由な自律的領域を形成するということを意味しない。安部は、「人間の脱出」と述べる。都市の自律は人間の脱出と連動する。人間が脱出するとはどういうことか。

安部の主張から、こう考えることができる。まず、人間の脱出は、都市の自律性の回復によって可能になるといわれている。となると、都市が自律性を回復するとはどのようなことかという問いが出てくる。そして、人間の脱出は、どこからどこへと向かうのかという問いがでてくる。自律性を回復した都市は、どこからの脱出口なのか。また、自律性を回復した都市は、どのような都市なのか。

箱と脱出

安部公房の『箱男』は、人間の脱出を主題とする。一九七三年という、高度経済成長が終わろうとしていた時代において、安部は、段ボール箱を頭からかぶり都市を彷徨する人たちが出てきたという設定のもと、人間の脱出について物語る。「箱はぼくにとって、やっとたどり着いた袋小路どころか、別の世界への出口のような気さえする。何処へかは知らないが、とにかく何処か、別の世界への出口……」[29]。

箱は、この世界と別の世界のあいだに開いた開口部である。そこを抜ければ別の世界にたどり着く、境界と言い換えることもできるだろう。となると、箱に入ることは、一つの境界経験である。

脱出を、境界経験として提示するというのが、安部公房の独自性である。しかもこの境界経験は、段ボール箱という、紙を主要な構成要素とする物に入り込む経験として、具体的に形象化されている。箱を、都市の只中に設置し、その中に入り込む。これが、脱出に向かう境界経験の発端である。

箱に入ることで、この世界から脱出すること。それは、箱の内部に閉じこもり、必要最小限度のものを所持して、その中だけで生活するということである。そうなると、人は次第に、必要最小限度のこと以外は、何もしなくなっていく。「部屋にいるかぎり、食事と、大小便と、睡眠以外のほとんどを、箱のままで過すようになった。一抹の疚しさを除けば、べつに異常なことをしているという意識はない。それどころか、この方がずっと自然で、気も楽だ」[30]。

ただし、箱の内部に閉じこもるというだけであるなら、脱出にはならない。内部への閉じこもりは、外的世界の拒絶である。『箱男』は、世界の拒絶の物語ではない。箱の内部へと入り込むことが、既にあるこの都市という外的世界からの脱出になりうることを物語る作品である。

ところで都市は、安部公房がとりくんだ重要な問題であった。そもそもが、安部公房にとって、都市は世界そのものであった。「都市的なものが社会構造の中で、もはや付随的な従属的なものではなく、むしろ本質的なのだと認めなければ世界も把めない」[31]。

ということはつまり、別の世界への脱出口も、都市のなかに形成されるということである。都市という空間世界の内部において箱というさらなる内部空間をつくりだし、脱出口を開くこと。その経験を安部は、こう提示する。

> 誰でも、風景に接した場合、つい自分に必要な部分だけを抽き取って見がちなものである。たとえば、バスの停留所はよく憶えていても、そのすぐ隣の何倍もある柳の木のことはさっぱり思い出せない。道に落ちている百円玉は、いやでも眼につくが、錆びた折釘や路肩の雑草になると、無いも同然だ。おかげで、たいていの路なら、迷わずにすませられるのである。ところが、箱の窓を額縁にして覗いたとたん、すっかり様子が違ってしまう。風景のあらゆる細部が、均質になり、同格の意味をおびてくる。タバコの吸殻も……犬の目脂も……カーテンが揺れている二階屋の窓も……ひしゃげたドラム罐の皺も……ぶよぶよした指に食い込んでいる指輪も……はるかに続いている鉄道のレールも……濡れて固まったセメント袋も……爪の垢も……しまりの悪いマンホールの蓋も……でも、ぼくはそんな風景が大好きだ。遠近が定まらず、輪郭が曖昧で、ぼくの立場とも似通っているせいかもしれない。ごみ捨て場のやさしさ。[32]

私たちは、この文章のなかから、箱がおよぼす効果について、いくつかのことを読みとることができる。

（1）箱はまず、その内にいる人間に影響を与える。すなわち、その内にいる人間には、箱の外側で生活していたときには見えてこなかったことが見えるようになる。タバコの吸殻やマンホールの蓋といった、細々とした事物が見えてくる。これらの事物は、箱の外にいると見えてこない。箱の外の世界とは、どのような世界だろうか。そこはたとえば、「見せかけの一本道が多すぎる」地方都市である。

どこか遠くで、薪をひく単調なきしみ。さらに遠くで、オートバイのエンジンを吹かす陽気な音。しかし、二秒たっても、三秒たっても、いっこうに人影は現れない。住民たちはひとり残らず地虫のように地下に引越してしまったのだろうか。人恋しさをむりやり誘う、のどかすぎる風景。(33)

風景は、のどかではあっても、人影はない。郊外の新興住宅地に特有の状況である。込み入ったもの、錯綜性はなく、平坦に秩序化され、整序された空間世界である。透明で、見通しのよい空間である。ただし、この平坦な秩序化、整序は、バス停や団地、公園、街路というように、人間生活の機能性という観点からのものであり、その他のことに関しては、無関心で、放置している。つまり、秩序化された領域とそうでない領域が二分化され、後者は存在しないとされる。かくして、秩序化と整序の及ばぬ領域は、不可視になる。

マヌエル・デランダは、現実世界を、現実に実在するが潜在的な状態にあるものという設定で考えることを提唱する。(34)秩序化と整序というニュータウンの構成原理は、現実世界を潜在的な状態にあるものとして捉えるのではなく、秩序化と整序の及ぶ範囲内で世界を捉えるものといえる。安部公房の箱は、この秩序化と整序に対し、その只中において介入する。つまり、秩序化と整序の及ばぬ潜在的な現実の可視化である。ただし、可視化には、透明化を意味しない。それは、曖昧で、不明瞭なままに、現実の潜在性を感覚可能にする、ということである。

（2） 箱の内部に身をおくことで、人は、自分が身をおき生活している場としての都市が、無数の構成要素で成り立っていることを意識化できるようになる。それはまず、「あらゆる細部が、均質になり、同格の意味をおびてくる」という経験である。均質は、貨幣価値で等価交換されるという意味での均質ではなく、むしろ、それらがすべて事物であること、なんであれ特別ではなく、その事物性において等しくなっている状態を意味する。事物のあいだに格差はなく、それらが物として実在している点では、すべて同じである。つまり、同格である。タバコの吸殻と窓は、もちろん異なる。タバコの吸殻として現実化された状態と、窓として現実化された状態は、異なっている。それでも、こうした現実性を度外視し、物として捉えるならば、それらはなんであれ、同じである。

箱の外にいるならば、それら異なる事物は、異なる物として区別され、その間の関連性もないものとして経験されるだろう。だが、箱の内部にいると、それら事物は、「遠近が定まらず、輪郭が曖昧」な状態にあるものとして経験されるようになる。輪郭が曖昧であるとは、事物と事物の境界が曖昧になり、不明瞭になるということだが、これは言い換えると、事物と事物が相互浸透し、混淆するということである。混淆は、錯綜体を形成していくことになろう。つまり、箱の内部にいると、磯崎新のいう「かいわい」「気配」の漂うものとして都市が成り立っていることが、見えるようになる。

（3） 箱は、整序され秩序化された都市の只中において、そこからの脱出口を開く。箱は、都市を拒絶し、内向するための空間ではない。秩序化された都市の内部で、都市を、錯綜体として捉えるための拠点である。都市は、無数の構成要素で成り立っているが、そこには、バス停や公園や遊具といった施設だけでなく、虫の死骸、刈られたまま放置された雑草、子供の落としたあめ玉、自転車の鍵が存在し、また、造成されることのないまま放置された山林、フェンスの向こうに広がっている雑木林、山林だったところの名残りをとどめる小川、沢蟹が存在する。こうやって感覚を拡張しつつ考えをすすめていくならば、都市を多様な要素を含み持つ混成体と捉えることができるようになる。混成体は、団地や公園や街路や集会所や小学校というように個別体へと切断されて成り立つ部分の寄せ集めではない。コンクリート片、土、雑草、石、埃、ミミズ、階段の手すりの錆、画鋲、画用紙、クレヨン、手ぬぐい、グローブ、登り棒、バス停のベンチ、ゴミ箱に入った少年ジャンプ、ビックリマンチョコのおまけのシール……というように、物がなんであれ散乱し、相互浸透しているところに成立するのが、混成体としての都市である。

制作は、「自然に根ざしつつ自然を超えるものである」と坂部恵は述べているが[35]、これを踏まえていうならば、都市の形成は、錯綜体に根ざし錯綜体を超えるところで発生すると考えることができる。そのためにも、都市を錯綜体と捉えることを可能にする拠点が求められるが、安部公房のいう箱は、まさにその一例であった。

箱と梱包

安部公房のいう箱は、あくまでも作品である。都市に脱出口がありうるとしたらそれはどのようなものであるかを提示する、思考実験の産物である。もちろん、都市の暗がりには、現実に箱が存在するし、安部公房自身、その現実の箱から示唆を得ていただろうということは、作品の様々な箇所に示されている。

それでも箱は、現実の事物ではない。作品世界として、提示されている。そして箱は、空間性のある脱出口として提示されたという点で、画期的であった。つまり安部公房は、ニュータウンをその最前線とする生活形式の空虚化、停止に対し、箱という空間を対置することで、その空虚化が何であるかを空間論的に思考することを可能にしたというだけでなく、そこからの抜け道を想像するための方法を提示した。

箱は、ただの事物ではない。物語装置の一部分でもある。箱に入るということは、外の空虚な喧噪を逃れ、内省するための拠点を得るということでもあるが、物語は、今やこのような内部からしか出てこない。物語は、様々な人々を連関させ、交錯させていくための媒体であるが、その広がりを生じさせていくためには、逆説的にも、まずは広がりを拒否し、内省へ向かう運動性が求められる。私はこれまで、正気、錯綜体、静寂といったことをめぐる様々な人たちの思考を検討しなおし、それが指し示すことについて考えを巡らせてきたが、つまるところは安部公房の「箱」に解く鍵があったのではないかと考えている。

なお、安部公房と交流のあった磯崎新は、一九七二年に発表された「なぜ手法なのか」で、近代建築のもとで「等質化された空間」が「かげり」を嫌うという認識のもと、梱包という手法を提唱している。そこでは次のように述べられている。

> 梱包するということは、そこに含まれているべき内部の空洞を、外界からいったん絶縁し、隠蔽することである。その手続きを幾度かくりかえすことによって、相互に不連続な、偏心した、特性

をもった空間の系列を成立させる。あえて梱包と呼ぶのは、それが単に、物理的に自然界から内部を保護するための被覆であるのではなく、内部に異化した空間を成立させるための境界面をつくることである。(36)

安部公房の『箱男』は、一九七三年に発表された。つまり、磯崎がこの文章を書いた一年後である。両者のあいだに何らかの影響関係はあっただろうが、それでも、いずれも独特の個性の持ち主であるから、この考えは心底納得づくのうえで提示されたものと思われる。つまり、一九七〇年代前半の時代、磯崎と安倍は、梱包と箱という、内部へと向かう方向性に、都市からの脱出口を見出そうとしていた。磯崎は、都市を造る側に立ち、安倍は都市を生き、経験する側に立つという違いはあるとはいえ、同じことを考え、試みていた。いずれもが、都市を外部へと開き多様なものとの交流を進めていくというのとは違うやり方で、都市からの脱出を考えていた。(37)

ハウス・イン・ニュータウン

『燃えつきた地図』の設定では、ニュータウンは、閉ざされた世界と捉えられている。ニュータウンという都市がまずその外の世界から切断されるが、さらにこの都市の内部でも、個々の住宅が核家族の内的世界へと向かって外から切断され、閉ざされていく。切断と閉域化が、生活の実在感を希薄にする。そこで生きている人間は、はたして自分が本当に生きているのか、よくわからなくなっていく。そして、閉ざされた世界は、その内においては透明で、暗がりを失っているが、その外側からは不可視で、何が起きているのかわからない。安部公房は、閉域となった透明な世界の只中に箱という不透明な内的世界

ハウス・イン・ニュータウン、能作淳平撮影

をつくりだすことが、逆説的にもこの閉域に異物感を生じさせると考えた。閉域の内部に形成される異物が、閉域からの脱出口をつくりだすという思考実験を小説世界で試みた。

この思考実験が正しいかどうかを検証するには、各人が箱をつくり、実際に試みてみるしかない。だが、安部公房のシナリオに縛られているかぎりでは、その実験は、きわめて私的で狭い領域にしか、脱出口を開くことがない。箱をつくり、そのなかに入る人が増えていけば、脱出口が相互連鎖し、ニュータウンという閉域が内から分解されていくだろう。

はたして、箱をもっと大きなものとして、つまりは段ボール箱よりも大きなものとしてつくるとしたら、それはいかなる効果を都市に及ぼすだろうか。私のように建築の実情を知らない人間であれば、このような誇大妄想的な問いを発しても許されるだろうが、建築家の場合はそうもいかない。それでも、このような問いを提示するだけでなく、本当に作ってしまっている人がいるかもしれない。

そのようなことを考えていたとき、私は能作淳平と出会った。能作は一九八三年生まれ。代表作の一つが、ハウス・イン・ニュータウンである。ハウス・イン・ニュータウン。謎めいた名称である。ニュータウンのなかに建つ家というのであれば、他にも普通にあるだろう。なぜ、「イン・ニュータウン」なのか。

能作は、ハウス・イン・ニュータウンについて、次のように述べている。

まず、家と街の距離を近づけるために、敷地につくられた基壇の上に建物を乗せるのではなく、基壇を建物の構造の一部にし、造成された土を約一m掘り出すことで、一階の床と道路の高さをほぼ同じにした。そこに三階建ての高さの大きな鉄骨のフレームを架け、吹き抜けたホールとした。そして道路側の擁壁にアルミサッシをのせ、屋根までひとつづきの大きな窓にした。季節の良い時はジャロジーのように開け放すことで、ホールは外と連続した場所になる。このように家の一部を

街に開放することで、近所の人がお茶をしに立ち寄ったり、子供たちがお遊戯室のように遊べるような小さな集会場になることを目指した。[38]

ハウス・イン・ニュータウン、内観、能作淳平撮影

この家は、ニュータウン内に設置された巨大な箱のさらなる内部に存在するものとして、捉えることができる。三階建ての高さの鉄骨フレームとアルミサッシでつくりだされた箱の内部に木造の家がある、という構成である。ニュータウンのなかに箱があり、箱のなかにさらに家がある。この箱が、ニュータウンの中に、絶妙な隙間を形成する。この隙間が、「イン」の意味である。すなわち家は、箱よりも小さい。ゆえに、家の境界と、外から箱で区切られた境界は一致せず、そこに、「縁」（へり）のような空間ができる。能作の見立て

では、「へり」の空間が、家の外側に拡がるニュータウンという外的世界を内へと招き入れていくものとなる。「へり」の空間が、家の住人とニュータウンの住人の交流を生じさせていく。ここに、閉域からの脱出口が開かれる。

能作の考えでは、ニュータウンには人が交流するのにふさわしい空間がない。そのために、戸建て住宅の中に生きている人たちは外の世界から切断されてしまう。孤立状態は、子育てなど、さまざまな人の助けを借り受けなくては困難な営みにとって、望ましいことではない。能作はこの問題状況において、箱という空間をつくり、そのなかにさらに家をつくるという解法を見出した。箱をつくりだすことをつうじた都市の中への介入である。もちろんこれは新しい事例なので、どれほどに効果的な解法なのかは時間が経たないとわからない。それでも、ハウス・イン・ニュータウンが、ニュータウン特有の閉域状態への果敢な実験であることは確かで、のみならず、（知ってか知らずかはわからないが）安部公房の思考実験をしっかり踏まえたものとなっている。ニュータウンを規定する論理を内から崩し、人びとの出会いと相互的なやりとりを促す空間の形成の試みとして高く評価されてもいいのではないかと私自身は考えている。

第二章　静かな都市

「人間にとって、空間とは何なのか」。哲学だけでなく、歴史学や文学や人類学などでも、空間という問題が一つの重要課題であることが論じられている。[39] この問いについて考察を進めていくうえで、アンリ・ルフェーブルの『空間の生産』を無視することはできない。ルフェーブルは、哲学、社会学、文学、言語学などを横断的に研究しつつ、戦後先進国に広まっていった日常生活の様式や都市の問題にかんする理論的な考察を行っていたが、一九六〇年代なかば以降、空間とは何かを問うことの重要性に着目し、この問いに真正面から取り組んだ。[40] そしてアレグザンダーと同じく、ルフェーブルの空間論も、近代的な都市計画に典型的な形式合理的な空間秩序への批判として提示されているのだが、この著書はただ七〇年代の都市計画批判の書というだけのものではない。そこには、展開させていくことの可能な余地がきわめて多く含まれている。とりわけ重要なのは、ルフェーブルが空間を、身体と密接な関係にあるものと捉えたことである。

《人間存在》は、社会空間――つまりは社会の空間――を、みずからの手前やその周囲に、絵画や見世物や鏡のようなものとして所有するのではない。人間は自分が空間を持つというだけでなく、空間のなかに存在することを知っている[41]。

ルフェーブルは、人間の日々の生活が、空間において営まれていることを把握している。そしてこの空間が、人間の身体と密接なかかわりにあることを把握している。それでも、この空間がどのようなものであるかをめぐる考察は、徹底されていない。

身体と静寂

さらなる考察のために、身体と空間について、次のように設定してみる。

（1）身体が、空間においてふるまうとき、身体はその空間を、みずからの営みにおいて実際に経験され、かかわってくるものとして、受けとめている。空間経験は、コンクリートやアスファルト、ガラスや鉄というような物質的な構成要素にかかわるというだけでなく、気配や雰囲気としかいいようのない非物質的なところにもかかわる。人は、空間に身を置くときに、気配や雰囲気を感じとる。それらは目には見えないし、耳で聴くこともできないが、それでも、感覚されるものとして潜在的に実在している。

（2）身体が実際に経験している空間は、複数である。ルフェーブルも、「一つの社会空間があるのではなく、複数の社会空間がある」[42]と述べている。ではいったい、空間が複数であるとはどのようなことか。それは、空間がそれぞれに異なることを意味する。異なる空間が、様々に形成され、一定の関係性の錯綜のなかで連関されていることを意味する。空間の違いは、物質的な構成要素と非物質的な質感から生じてくる。空間がどのようにして形成され、実際に経験されるものになるかの過程が、違いを決する要因になる。

（3）　質感が違うというとき、いったい何が違うのか。人は、空間の違いを、気配、雰囲気において深く感じとっているのだとしたら、つまるところそれは、喧噪と静寂の度合いの違いとして感じとられていると、考えることができないか。坂部恵は、「日常のあらゆる〈ふるまい〉一般を支える基盤となるべき」ものが、世阿弥のいう「せぬひま」、禅仏教の「静慮」といった言葉が示す状態であると論じている[43]。それらは、人間のふるまいがそこに根ざし、確かなものとして営まれることの条件であるということができるだろう。本稿の関心からいうと、せぬひまも静慮も、空間経験にかかわることとして捉え直すことが可能である。一定の気分は、一定の空間とのかかわりにおいて生じてくるとするならば、静慮もまた、静寂の空間に身をおくときに経験される。静寂の身体経験を基軸とするなら、ニュータウンのスーパーマーケットのような空間は、静寂とは対極の喧噪の空間である。テユ・コールの小説の人物がタワーレコードに感じるのも、空間の喧噪である。空間が、喧噪で充満している状態である。

空間は、人の営み、ふるまいと深いところでかかわっているが、そのかかわりはつまるところ、気配や雰囲気という、ただただ感覚されるよりほかのない何ものかをつうじて生じている。この感覚されるものは、けっして一様ではない。空間は、それぞれに違う。そしてこの空間における気配の違いは、静寂の度合いにかかわってくる。

空間の静寂とは、何だろうか。それについてはたとえば京都の詩仙洞を実例として説明することもできるだろう。だが、コールが小説で述べていたように、ニューヨークに立地する美術館という空間のなかで絵を見て感じとるという過程でも、静寂が生じてくることがある。

あるいは、ビクトル・エリセのスペインの村落を舞台とする映画である『ライフライン』で、赤ん坊の泣き声を耳にした村中の老若男女が周囲へと集まってきたときに漂うのも、やはり静寂である。村人たちは、遊んだり、仕事をしたりというように、日々の生活を様々に営んでいるのだが、赤ん坊の泣き声がきっかけとなって一同に会する。静寂が漂う空間のなかで、赤ん坊はへその緒の跡の傷口を治療してもらい、笑顔になる(44)。

都市化が進んだ状況において、静寂を感じる余白は乏しい。空間の静寂は、とても稀で儚いものであるのかもしれない。それでも、静寂が降りてくる瞬間はある。エリセは述べている。

現代ではものごとが極限まで進んでしまい、とくに大都会では私たちの日常生活は、コミュニケーション手段が定めるリズムに従って秩序づけられてしまっているのです。太陽が本当に沈んでしまったとき、はたして現代の都市に住む多くの家庭に静けさが訪れるのでしょうか?　沈黙が訪れるのは、太陽が地平線に沈んだときではなく、テレビが消えたときなのです(45)。

テレビが消えたとき、私たちは一瞬、静寂を経験する。大都市のなかでも、静寂はたしかに生じている。やはりエリセの映画である『マルメロの陽光』は、スペインの画家（アントニオ・ロペス・ガルシア）がマドリードのなかに位置する建物の中庭に立つマルメロの木を題材にして時間をかけて絵を描いていく日々の過程を淡々と写す作品だが、そのなかに漂うのも静寂である。『マルメロの陽光』が上映されている室内に身をおく人もまた、静寂を経験するだろう。その部屋が、たとえ大都市の只中にあるとしても、部屋の内部は静寂に満たされ、人々も、静謐な気分に満たされている。

それでも、日常の忙しなさのなかを生きざるを得ない私たちは、静寂の時空の瞬間に、なかなか気づくことができないでいる。(46)

生成と形

私たちの日々の営みは、空間において起きている。言い換えると、私たちの日々の営みには、空間性がある。営みをつうじて実際の世界を具体的に受けとめ経験するとき、それを空間性のあるものとして感じとっている。

世界を、空間性のあるものとして受けとめるとはどのようなことか。それは、世界を一定の形あるものとして受けとめるということである。実際の世界は、一定の形のある空間である。形のある空間として、生じてくる。世界は無形ではない。ただの流体でもない。ではいったい、空間が形あるものとして生じるとは、どのようなことか。

田辺元は述べている。


我々は空間をそれの綜合的生成に於て考えるとき時間が之を貫き、空間の如何なる要素にも時間が構成分として入込むことを認めると同時に、時間も亦其生成に於て常に空間を契機とし、一の現在から他の現在に発展するには空間の外在性を媒介とするのでなければならぬこと、是に由って始めて時間の所謂自己超出性が可能となるものなることを認めなければならぬ。(47)

田辺はまず、空間を、綜合的生成にあるものとして考えようとする。生成とは、停止とは反対の状態である。空間は、停止した枠とは違う、ということである。そして生成は、一つの状態が他の状態へとうつりかわるということである。本書の考察と関連させていうとするなら、空間の生成とは、つねにひとつの形あるものへと、形成されていくことを意味する。田辺は、生成そのものを論じているのではない。たとえば意識のおのずからの流れ（内的持続）なるものへと空間がゆだねられ、空間がそのおのずからの流れのままに放置されるということを論じているのではない。生成は、空間が形成されるという営みとともに進行する。生成が空間の外在性を媒介するとはこのようなことである。

形成されていくとはつまり、実際にそこで人が生活している空間へと、形成されるということである。形成されていくためには、もちろん、形成する営みがなくてはならない。そして空間は、意識とのかかわりにおいては、外在的に実在するものとして存在する。ただし、空間の外在性は、空間が定まった状態にあることを意味しない。田辺は空間を、綜合的生成においてあるものとして捉えようとする。

このとき田辺は、時空間の対立的な統一という観点から、思考を試みている。つまり、アインシュタインの相対性理論で定式化された物理学上の発見から、示唆を得ようとしている。空間の生成は、時空間が統一されたところにあると想定される世界に根ざしたものである。「即ち時空の弁証法的統一たる『世界』は単に存在の形式でなくして存在の基底たるのである」(48)。田辺の議論を踏まえて言うと、実際に経験される空間は、時空間が統一されたところとしての基底である世界から、実際に経験される空間へと形成していく営みの産物であると考えることができるだろう。

田辺は空間を、外在的なものとして捉えている。つまり、空間は、人間の内面性、主観的領域の外側にある。そして田辺は、空間の外在性を時間とのかかわりにおいて提示する。時間の生成のためには、一定の空間的な媒介を必要とするということだが、これが意味するのは、人が時間を現在として、現在において生きられている状態として経験し、意識するには、一定の空間が形成され、そことのかかわりにおいて生きていることを要する、ということである。私たちは現在を、一定の空間のなかに身を置くことで、経験する。それにふさわしい空間性を欠くならば、現在は、現実性のあるものとして経験されることがないだろう。(49)

以上より、田辺のいう時間の自己超出性の意味するところも、明らかになる。それは、時間が自己を超出し次なる現在に至るためにはそれにふさわしい空間が形成されていくことを要する、ということである。

生成の気配

田辺は、空間が実在すると考えようとする。「存在の形式でなくして存在の基底」としての世界において生成し、実際に経験されるものへと形成されていく空間は、人間がそこで独自で生身のものとして存在し生活するということを現実のものとする。

空間は、生成において、外在的なものとして実在する。これを実在論的な空間論と呼ぶことができるとするならば、ルフェーブルの空間論もまた、実在論的なものであった。『空間の生産』の冒頭で、ルフェーブルは、社会空間という概念を提示するにあたって、空間といえば幾何学的な概念とみなされ「空虚な容れ物」として表象されるという考えをまずは批判する。(50)空間は、ただの空虚ではない。たとえ頭のなかでは空虚な形式として概念化することが可能ではあっても、実際に人間が生きている空間は、空虚ではない。この信念が、ルフェーブルの考察の出発点にある。彼もまた空間を、空虚とは違う何らかの実在として考えようとしていた。

そしてルフェーブルは、「空間は生産される」と主張する。つまり、空間は、人間がみずからの生活を営むことの条件として生産されるということである。田辺と同じく、ルフェーブルもまた、空間はそのものとしては実在せず人間がそこにかかわり形成されていくことで実在すると考えていたことがわかる。

だが、それでも両者の空間観は、完全には同一ではない。たとえば田辺は、空間は生成すると述べたのに対し、ルフェーブルは、空間は生産されると主張する。二人とも、人間の実際の生活の条件を空間性のあるものと考えているが、空間が成り立つことの過程については違う言葉で考えている。この違いは、けっして些細なものではない。なぜなら、それは彼らの空間概念が、根本的に違っているということに由来するからである。生成する空間と、生産される空間は、じつは異なる。

ルフェーブルは、人間の生活の条件を、社会空間として概念化する。社会空間は、橋や建物、道路、鉄道といった事物を主要な要素とするが、それらの総和以上のものである。ルフェーブルは次のように述べる。

空間は、生産された事物を含み、それらの事物が共存し併存している状態において結ぶ諸関係を包含する。つまり、(相対的な) 秩序と/あるいは (相対的な) 無秩序である。空間は、諸々の営みが継起し連鎖するところから生じてくるが、単純な対象には還元されえない。したがって、空間には虚構めいたところはないし、表徴や表象や観念や夢のような非現実性や「観念性」に対応するもの

もない。(51)

ルフェーブルによると、空間はまず、諸々の事物が共存しているところに生じる諸関係を包含する。諸関係が、諸関係として生じ、実在するということを確かなものにするものとして、空間が実在する。その諸関係は、一つへと統合されることのないもので、ゆえに、複数的である。そして複数の諸関係は、秩序化されることもあれば、無秩序のままであることもある。そして空間は、諸々の営みが継起し連鎖するところに生じてくると指摘され、かつ、虚構や観念や夢とは違って現実に実在すると言われている。

ここを読むかぎりでは、田辺と同じことが言われていると、考えることもできるだろう。だがルフェーブルは、空間が生産されると述べている。生産されるとはどういうことか。ルフェーブルが生産というとき、この概念は、作品と対置される。空間が生産されるとは、芸術的な創造活動の所産である作品と違うあり方で生産されるということを意味する。つまり、工業生産の論理のもとで空間が生産されるということである。すなわち、「交換、交易、限りない再生産へと委ねられていく(52)」ことである。かくして、空間の生産は、「生産諸関係と生産様式の（相対的に）断続している枠内における、生産諸力の（相対的な）持続的発展(53)」に規定されるものとして把握されるということになる。

ルフェーブルは空間を、生産物として把握している。ルフェーブルによれば、空間は「ものならぬもの」（chose-non-chose）である。実体的な現実でもなければ心的な現実でもなく抽象へと還元されることもなければ事物の集積でもない(54)。それでも社会空間は、工業的な生産過程の帰結である生産物として存在するようになっている。ニュータウンは、そのような意味での社会空間の典型といえる。団地も街路も公園も、工業生産物を素材とするが、それだけでなく、そもそもそれらが都市として存在することになる過程にも、工業的な生産体制が関与している。

これに対して田辺は、空間を、時空の対立的統一という基底に即して生成し、形成されていくものと考える。つまり空間は、つねに生成し、形成の途上にある。空間の生成は、具体的には気配として、雰囲気として、感覚されることになろう。じつは、ルフェーブルの「空間の生産」という主張には、実際に経験される空間に気配や雰囲気があることを認めていくという視点が欠けている。生産物としての空間は、人が生き、生活を営むための条件として、定まった状態にある。気配や雰囲気は、ルフェーブルのいう生産された空間にも、漂っているはずである。それでもルフェーブルは、この気配や雰囲気を、適切に思考することができていない[55]。

空間を、生産物と捉えるか、それとも生成の過程にあるものと捉えるか。空間について考えようとしている点では同じだが、それでもこの二つの立場は、異なっている。トリン・T・ミンハは、「存在と非存在のあいだの生成の空間に気をとめ、表現しないことをつうじて表現するという原則に自覚的になることは、東洋の美的かつ精神的な意識においてひろまっている」と述べている[56]。もしそうであるなら、田辺の空間概念は、東洋的な美的感覚に根ざしているということになる。ルフェーブルと田辺の思考の違いは、美的感覚の違いに由来しているものと、考えることができる。

ルフェーブルの空間論は、田辺のいう生成の観点と連動させていくことで、展開させていくことが可能になると考えられる。そのためにはまず、空間は生産物であるという実体論的な思考の限界に意識的になるのが大切である。たしかに、空間は生産物であるかもしれないが、生産物のなかにいてそこで動いている身体は、空間をただの生産物ではなく、気配や雰囲気という非実体的なものとしても経験している。そしてこの気配は、空間が生成し、形成されていく過程において生じている。

ここで、坂部恵のふるまいにかんする考察を、想起してみたい。坂部はふるまいを、四つの構成契機からなる系列として図表化した。

ふるまい　ふり　まい……せぬひま

ふるまいは、実際の人間の営みとなって生じているものであるのに対し、せぬひまは、ふるまい一般がそこに根づき、そこから生じてくることの基底となる、何ものかである。ふるまいは、私と他者との対人関係的な場において生じてくるが、ふるまいの基底は、この場そのものが根ざす、深層の領域である。

せぬひまは、いったい何なのか。深層や基底と坂部はいうが、坂部が言おうとしていたことを具体的に考えるためには、ふるまいの場を空間性のあるものとして捉えることがじつは必要だったのではないか。つまり、ふるまいの場は、人のふるまいとともに生じる空間であり、ふるまいは、空間の外在性において具体性のあるものとなって現われ、定着する。ただしふるまいは、つねに新たに生じ、周りにいる人たちが誰か次第で常に異なるものとなる。ゆえに、ふるまいとともに生じる空間もまた、確定された状態にあるものとだけは捉えきず、気配、雰囲気という、つねに新たに生じ、保たれるのでなければすぐにでも消滅するか変質してしまう何ものかとともに形成されるということになる。ふるまいに対応するのが空間の気配だとしたら、せぬひまに対応するのは田辺のいう時空間の対立的統一としての基底である。（表3）

表3

ふるまい	気配
せひぬま	時空間の対立的統一

ニュータウンの昼と夜

『燃えつきた地図』についてもう一度考えてみたい。そこでニュータウンは、次のようにして提示される。

道はいったん、平らになり、そこは丘をけずりとって広げた、バスのターミナルだ。ターミナルには、雨よけの屋根がついたベンチもあり、公衆電話や、夏には花壇になるのかもしれない煉瓦のかこいに並んで、水飲場の設備までがととのっている。そして、そこからもう一度、距離は短いが急な坂道になる。すぐ手前に、交通標識なみに黄色く地塗りをした、大きな看板が立っていて、

《許可なく団地内に車の乗入れを禁ず》

つくりの頑丈さといい、わざわざ職人を雇って書かせたらしい字体といい、牙をむき出さんばかりのその意志表示を、ぼくは無視して、一気に坂の残りを駆けのぼる。

するとたちまち、風景が一変した。白く濁った空に、そのままつづいているような、白い直線の道。幅は目測で約十メートル。その両脇の歩道との間に、ちょうど膝くらいの高さの柵でかこまれた、枯芝の帯が続いていて、その枯れ方が一様でないせいか、妙に遠近法が誇張され、じっさいには各階六戸、四階建ての棟が、左右にそれぞれ六棟ずつ並んでいるだけなのに、まるで模型にした無限大を見ているような錯覚におそわれる。建物の、道に面した部分だけが白く塗られ、わきをく

すんだ緑で殺した、その色分けが、さらに風景の幾何学的な特徴をきわだたせているのかもしれない[57]。

これは、昼のニュータウンである。平坦で直線的で、白が基調の模型のような空間。立入禁止の立て札が至るところに立てられている芝生で囲われ、その外の世界から切り離された、自足した人工世界。「あまりにも焦点のはるかなこの風景の中では、人間のほうがかえって、架空の映像のようだ[58]」。

昼のニュータウン、千里ニュータウンにて撮影

空間は、定まった状態にある。その定まった状態は、ガラスや鉄やコンクリートを材料とする、空間の生産過程の帰結である。工業生産様式の産物である。だが、空間を生成の過程にあるものと捉えるならば、この定まった状態は、生成の過程とは切り離され、ただそこに動かないまま放置された状態と考えることができるだろう。つまり、根源的な時空間との接点を欠いた、空白の空間である。

ただし、空白の空間は、まったくの空虚ではない。ニュータウンの空間にも、独自の質感がある。そしてその本性が露わになるのは、夜である。

踏み荒らされた、アスファルトの歩道。芝生の中の、白い斑点と見えたのは、破れて捨てられた古いゴムボール。ほこりまみれのぼくの靴でさえ、鍍金加工したように見せてくれる水銀灯の光に照らされても、息づく気配さえ見せない、ひびだらけの道路の死骸。(59)

荒れていて、放擲された事物が散らかり、破れ、ひび割れた状態のまま放置されている。なぜそうなっているのか。完成された状態にあるニュータウンでは、空間へと能動的に働きかけ、つくっていくという営みが、衰微しているからである。そこでは、完成された状態が永遠に続くと信じられている。そこで生きている人たちには、完成以後の時間の推移にともなって進むであろう古くなるという事態に向き合う姿勢が乏しい。完成された状態のあと、ニュータウンはどうなるか。コンクリート製の遊具の色は剝げ落ち、遊歩道のアスファルトの裂け目からはその下にある土から生える雑草が現われ、自転車置場の鉄製の屋根はサビつき、公民館の広場に設置された木製のベンチは雨のせいで次第に腐り、鉄筋コンクリートの壁面は剝げ落ち、人の住まない集合住宅の室内にはネズミが住み着き、ガラスは割れていくだろう。窓枠は歪み、壁に穴があき、壁紙は破れる。つまり、完成状態は停止であるが、停止以後にも現実に時間は流れる。完成以後のこの時間に起こるのは、じつは老朽化であり、壊れ、崩れていく状況である。

この状況が放置されれば、空間は荒廃するだろう。荒廃は、完成という停止状態に慣れてしまった人たちが能動的な主体性を喪失していく状態に対応する、空間的な表現である。

それでも、昼、人が買い物をし、公園で子どもが遊ぶといった営みで充たされているとき、ニュータウンの空白の本性は、みえてこない。ただの架空の世界、非現実の世界であるように、思われてしまう。だが、人の営みが不在になり、空間だけが残されるとき、その空間に特有の本性が現れてくる。そこは、ただ停止した状態にあるのではなく、じつは荒みゆく世界であった。荒むというあり方で、時間が経過してゆく世界。白昼のなかに身をおくとき、人はこの荒廃の過程を知らずに生きていることができる。模型のようにみえながらじつは荒んだ空間というのが、ニュータウンの正体である。完成された状態は、ときに修繕されることはあっても、完成当初の状態がずっと続くことはない。コンクリートも鉄もガラスも物質であり、時間が経てば古くなる。古くなり、荒んでいく。

ニュータウンの時間

ここで問われてくるのは、ニュータウンに流れる時間である。それも、空間性とのかかわりにあるものとしての時間である。田辺元は述べている。

所謂時間が空間性を契機として含み、未来の自由企画を直接の媒介として現在に作用的統一を成立せしめるに際しては、未来が自我に従属する一面を主とするに対して過去が非我としての「世界」に従属する方面を主として発揚するとするならば、時間は単に人間存在に属するものでなく同時に世界存在に属するものという意味を有することは当然となる。(60)

未来は、自由の領域に属するとはいえ、未来を現実のものとしようとするとき、それを実現させようとする人間主体の意志だけでなく、人間主体が帰属する世界の具体性がそれを規定してくる。過去もまた、世界において、世界の空間性において具体化している。未来を現実化することは、世界において具現化している過去との対決といえるだろう。過去との対決とは、自分が生きる世界との対決である。田辺の理解では、世界は、人間存在に対して外在的である。つまり、そもそもが人間と世界は内的に相即的な関係にはなく、そのあいだには関係の外在性が成立している。ゆえに、未来を現実化することは、みずからに対して外在的な関係にある世界において、なおも持続させていくことの可能な傾向性をみいだし、ここに即して、世界をつくっていくことである。

時間は、空間において定着することで、現在生きている私たちに、具体的な作用を及ぼす。ということは、空間としての世界には、時間的な生成が含まれている。ニュータウンという空間には、二つの時間が流れている。一つは、完成された状態において停止した時間である。もう一つは、完成された状態にある空間の荒廃の進行である。前者は、停止した時間であるが、後者の荒廃は、じつは古くなるという過程において生じるのであって、そのかぎりでは停止していない。そう考えるならば、ニュータウンという世界においてなおも動き生きている過程は、荒むという過程のほうにこそあるということにならないか。

荒むとは、どういうことか。ティモシー・モートンは述べている。「現在時ないしは今なるものは、公式の現実性の『均質的で空虚な時間』から、たとえイデオロギー的な機構が円滑に作動しているときであっても噴出してくる強度があって意味のある環境である。消費社会の宇宙においては何ごとも失われていない。たとえただ私たちをとりまく屑があまりにも不調和なものであるとしても、そうなのだ[61]」。

ニュータウンにおいて、屑の散らばる世界は、空虚の世界と表裏一体の関係にある。私たちは、荒廃と屑化がすすむ過程をじつは心底知っている。にもかかわらず、均質的で空虚な時空間に普段はとらわれているために、それに気づかない。それでも、荒廃の時空間は存在する。モートンは、そこにこそ未来の世界の手がかりがあると示唆しようとする。均質的で空虚な時間の綻びが、荒廃地において生じている。荒廃地には、別の時間が生じている。古くなる、という時の動き、生成が、生じている。少なくとも、停止はしていない。ニュータウンからの脱出口は、じつはここにある。

小括

実際に生きられる空間で感覚される質感の違いは、空間における生成の度合いの違いに由来する。気配が濃密に感じとられる空間と、空白で空虚のように感じとられる空間の違いは、生成の度合いの違いに対応する。水、空気、植物や、さらには木材、石、ガラスといった構成要素の錯綜が動きとなって生じ、そこで人が何かをするということもまたその動きのなかで起こるとき、空間は、独特の生成状態にある。これに対し、同じように水や空気や植物があって、コンクリートやガラスや鉄が存在していても、これらの要素が連関せず、無関係なままに散在しているのであれば、そこで空間の生成は停止し、空白が生じてくる。

気配に満ちた空間と、空白の空間がある。この二つの空間は、どのような関係にあるか。それは、対立ではない。気配に満ちた空間が本来的な空間で、空白の空間は非本来的な空間であるというような対立関係は、その間にはない。たしかに、気配に満ちた空間と、空白の空間は、実際の経験において、違うものとして経験される。しかしながら、経験に先立つ生成の状態においては、それらの空間は連続しており、相互浸透すらしているかもしれない。実際に経験される空間を、気配の有無で識別し、差別化するのは、生成の状態における空間、つまりは根源的な時空間からの生成を見ずしてなされる知的操作である。空間を差別化し、対立させるのではなく、生成の度合いに着目するのなら、私たちは世界を、気配の度合いを様々にする様々な空間がまだら状に分布した状態にあるものとして捉えることができるだろう。ニュータウンの空間は、たしかに空白の空間である。だが、それはあくまでも、空白として形成されているからそうなのである。都市が本来もつべき何かを欠いているからではない。形成されるという過程に着目するなら、空間の生成が起こっていない空間と考えることができる。

そうなると、つまるところは、ニュータウンにおいて空間の生成はいかにして可能かが、問われることになる。私たちは、ニュータウンの空白状態、非現実と思われてしまう空白の状態に、とらわれてはならない。空白は、停止した状態であるが、停止した状態を無理して動かそうとするのではなく、むしろ、停止のさらに先を見据えていこうとする必要がある。ニュータウンのすべてが停止した状態にあるのではない。動きは密かに生じている。ただしその動きは、古くなり、朽ちていく過程において生じている。

ニュータウンは、物理的な建造物であるが、それだけでなく、人間が生活していることの現場でもある。人間たちはそこに身を定め、動いている。そのことで、ニュータウンが実際に存在していることを、感じとっている。にもかかわらず、ニュータウンのなかで生きていると、自分の周囲にある世界が、現実のこととは思えなくなることがある。ニュータウンで生きているということ自体、本当のことなのか、疑わしく思われてしまうことがある。実在しているにもかかわらず、現実のこととは思えない。本書がひたすら考えてきたのは、この奇妙さであった。

現実感がない。私がそこで本当に生きているのか、確信が持てない。それでも、そこは実在している。ニュータウンが実在していることを、私は感覚の水準で知っている。歩き、座り、ぼんやりするとき、コンクリート、アスファルト、芝生、鉄柵、金網、階段といったものの実在を感じとっている。だが、なぜかその感覚を、確かなこととは思えない。たしかなことと思えないから、たとえば、ニュータウンは虚構であり、非本来的な世界であって、そことは別の外のどこかに本当の現実世界があるなどという迷妄に誘惑されることにもなる。私は、それは誤謬だと考える。コンクリート、アスファルト、芝生からなる物理的実在世界の現実性に対応しない観念論というべきだろう。

現実感がないと思う。それでも、実在していることを感じとっている。この分裂状態におかれた私は、常々、感じとっていることのほうを信じるべきだと考えてきた。現実感がないと思わされてしまうこの空間そのものは虚構ではない。実在している。ならばこの実在している空間世界は、一体何なのか。

いつしか私は、そこを、停止した世界と考えるようになった。停止とは、人のふるまいが空虚で、そのふるまいから、動きが生じてこない状態である。このニュータウンに特有の停止状態を見事なまでに作品化したのが、ラース・フォン・トリアーの二〇〇三年の映画『ドッグヴィル』である。会話も、料理も、労働も、何もかもが、何かを生じさせていくこともないまま、散漫にそして断片的に起こり、消えていく。停止は、空疎といってもいいが、ではいったい、何が空疎なのか。それは、暖かさややさしさといった、人間の内面世界に結びつく情動的なものとは水準を異にする。人間に内在するものではなく、人間の行為とのかかわりのなかで生じる、外在的なものである。ニュータウンの公園で、子供が遊んでいるとしても、その痕跡が、後々にまで残っているとは思えない。ニュータウンは、人の気配と連動することのない、停止した完成品である。

停止した完成品の状態は、永遠に存続するのか。これから一万年を経たときにおいても、ニュータウンでの生活は、同じように停止し、空疎な営みのまま存続するのか。

ニュータウンのなかで、毎日テレビを観ている状態で生きている人間は、たぶん、ニュータウンが永遠に続くといった想定自体が疑わしいなどと、けっして思いもしないだろう。それでも、ニュータウンが建造されて半世紀ほど経ったころから、廃墟化が観察されるようになる。住人の高齢化というだけでなく、そもそもが、物理的な施設として、耐用年限を超え、メンテナンスの施しようのないほどにまで老朽化してしまうことが起こりうる。その現実を、私たちは近年になって、突きつけられている。

停止した完成品は、永遠に存続しない。いずれ老朽化し、廃墟化する。これは、ニュータウンが建設され、拡張され、多くの人が移り住み、安定的な生活の営まれる場として定着していく過程に慣れた人たちにとって、想定の範囲外の事態だろう。それでも崩壊は、虚構ではない。現実である。

私は、この崩壊という現実の観点から、ニュータウンを考え直してみる必要があると思うようになった。崩壊とは、物理的な建造物の水準でみるならば、物質へと還元されていくことである。あまりにも単純なことのようにも思われるが、コンクリートやアスファルトという物質を、土や水の循環、二酸化炭素、砂、化学物質といった水準にまで抽象化して考えていくと、かなり難しい事態であるということがわかってくる。藤原辰史のいうように、「分解」というところにまで立ち入って、考察を進めていかねばならない。そして、崩壊は、そこで生きている人たちの生活の営みの支えという水準においても起こりうる。生活の営みの支えが崩壊するとはつまり、そこで人間が生きていくのが困難な状況になる、ということである。

私は、この状況を想定しつつ、本書を書いた。人間が生きていけない状況を考えることで、逆説的にも、人間が本当に生きていくのに欠かせない何かを見出すことができるのではないか、このように考えていた。ただし、人間が生きていけない状態の出現は、こじれている。それは、空疎であっても一応は生きていられる世界の崩壊である。空疎な状態を批判してきた人たちにとっては、歓迎すべき事態かもしれない。だが、空疎であることに気づくことなく満足して生きていた人たちには、嘆かわしい事態だろう。私自身はそれを、空疎な状態で保たれていた日常がさらに壊れることとして捉える。壊れていくことを冷静にみつつ、そこにおいて、新しい日常世界のための空間を創出しようとすることが大切であると考える。

本書は、ニュータウンで生きるとはどのようなことかをめぐって考察してきた。それは、ニュータウンという空間が生きることの根拠になっているとはどのようなことかをめぐる考察であったと言い直すこともできるだろう。この考察は、ニュータウンという空間を生きられる空間と捉えた点で、これまでの生活空間をめぐる考察を断ち切ったものということができる。多木浩二は、住むことの意味なるものを想定し、古くからある共同体的な村落に根ざす民家のような空間にこそそのような意味が宿るといった立場から、生きられる空間を論じた。この立場からすると、ニュータウンは、住むことの意味を喪失した死んだ空間ということになろう。

これに対し、私の考察の基本には、ニュータウンをただ死んだ空間といってしまうのではわからないことがあるという直観がある。たしかに、ニュータウンには、民家に漂う豊穣な雰囲気はない。それでも、人は生きてきたし、これからも生きる人がいる。だが、ニュータウンには、生活を営むうえで必要とされるはずの何かがない。この何かがないということの理由を民家に漂う豊穣さの喪失に求めるのは、誤りである。

ニュータウンに欠けているものを考えることは、これから私たちが生きていくために必要となる何かを考えるための準備作業である。さらに、この何かを考え、実際につくりだすためのヒントになるような思想を、打ち出していきたい。

ではいったい、何が手がかりになるだろうか。私は、その手がかりはデジタルメディアにあると思う。このように考えることもまた、多木のような思考の流れを切断していくことになる。多木は、「われわれは断片化し、個々ばらばらな私性によって、いきなり巨大なメディア化された社会的な力の前に立っている」[1]と述べている。つまり、マスメディアが流す情報を受動的に受けとる状態にいる人々がそれぞれに孤立し、交流を欠くという状態である。これは、ニュータウンの住居のなかに据え付けられたテレビが世の中へと開かれた唯一の開口部になっている状態を生きている人を説明する文章としては、適切である。だが、それはテレビしかなかった時代においてだけいえる状態ではないだろうか。デジタルメディアの発達が可能にした情報の取得と発信は、テレビのようなマスメディアとは違う状態を、人びとの主体において発生させ得るのではないか。

実際、デジタルメディアにおいては、人と人との関係の場が空間性のあるものとして形成されている。公園や喫茶店で対面している状態とは異なっているが、それでも、ただ仮想的で観念的な領域へと人を閉じ込めるのとは違う開かれた空間性が、デジタルメディアのネットワークにおいて形成されつつある。それもまた、ふるまいの場と捉えることができる。ここに形成されていく空間性がどのようなものか、それはまだ準備不足なので説明できない[2]。ただ、少なくとも、ニュータウンに欠けているものをつくりだす手がかりの一つがここにあると私は感じる。そう考えるためには、多木のようなメディア観から脱却せねばならないだろう。

最後に、本書を書くなかでみえてきた理論的な展望と、さらなる課題について述べておく。

第一に、本書は、空間論の立場に立つ。人間が生きている世界を、空間性においてとらえようとする。ただし、空間を、人間の内面との相即において成り立つものとしてではなく、身体的な行為とのかかわりのなかで生成する、外在的なものととらえる。そして世界に空間性があると考えることは、世界観や世界像の反映として世界を捉えることとは異なっている[3]。

第二に、本書は、気配や雰囲気の強度ないしは度合いの観点から、世界を捉えようとする。行為、会話といったものは、気配や雰囲気を生じさせる。そしてその気配、雰囲気には、それ特有の強度がある。夜の酒場の雰囲気と、詩仙堂で庭を眺めてぼんやりしているときの雰囲気は、あきらかに異なる。夜の難波の雰囲気と、瀬戸内海の島の雰囲気は明らかに異なる。同じ東京でも、下町と山の手は異なる。その違いは、実際に空間に身を置くことで感じられる、強度の違いに由来する。強度とは、ジル・ドゥルーズが提唱した概念であるが、本書でとりあげた人たちの多くが、この強度の立場でものを考えている。動き、気配、雰囲気、静寂、停止といったものは、人の内面に属することなく、人の行為の場となる空間において、生じている。記号論やシステム論ではとらえられない、潜在的な質感がそこにある。

第三に、本書は、非西洋人の経験に根差すものとして書かれている。それは、西洋人の経験に根ざす思考をそっくりそのまま援用するだけでは理解できない事態を生きていることに自覚的になりつつ書くということである。(4) モートンは、エマニュエル・レヴィナスの議論を援用しつつ、次のように述べる。レヴィナスは、「裸形の」存在を、「事物の形態へと完全に吸収されることのないもの」として記述した。「それらはつねに、すべてが生産という目標へと差し向けられているというだけでなく、煙と廃棄物と悲惨にみちた状態で、そのものとして存在している工業都市のようなものである。事物にしてみれば、裸形であるということは、その存在がその有限性の彼方において、それを超えたものになっていることである」。工業都市では、工業生産物だけでなく、煙や廃棄物もまた必然的に産出されるが、これらの廃棄物は、工業生産物とは違って市場で売買されることがないし、ただ廃棄されるよりほかにない。そのあり方が、事物の裸形ということなのだが、モートンはこのレヴィナスの議論を踏まえ、アンドレイ・タルコフスキーが、廃物でみたされたイ・タルコフスキーの映画についてこう述べる。「アンドレプールを接近してパンして撮るとき理解していたように、廃棄物と汚物は無限なものの顔なのだ（タルコフスキー本人にしてみれば、それは神の顔である[5]）」。

モートンの思考においては、廃棄された空間が示すのはこうした事実であるということになる。たしかに、西洋的な思想の伝統を参照できる場所であるなら、そのように理解することもできるかもしれない。廃棄された空間、つまりは廃屋や空家には、神の顔が顕現している、と。だが、それはあくまでも、西洋的な思想の伝統を共有し、その言葉を心底理解できる人の範囲に限定される。この思想的伝統を共有しない人は、そうとは考えないだろう。この人たちは、西洋思想の伝統を共有しないが、だからこそ、西洋思想の伝統だけでは理解できない問題を理解することができる。それは強みでもある。

世界を空間性のあるものとして考えるということは、様々な思想的伝統をもつ様々な場所で起きている事態を「西洋」という一元的な観点からではないやり方で考えていく、ということである。廃棄された空間は、モスクワやデトロイトだけでなく、大阪にも、北京にも、リオデジャネイロにもある。ダマスカスにも、キンシャサにも、南アフリカにもあるだろう。私たちには、世界を空間性のあるものとして感じることができる。そのとき世界は、ざわめきと静寂、にぎわいと落ち着き、明と暗、動と静、温和と緊張などというように、度合いを異にする雰囲気に満ちたところとして現れてくる。そのような雰囲気を、私たちは、様々に感じている。同じ空間であっても、感じ方は様々である。文化的背景、性別、年齢、感受性の度合い、感覚能力の修練度などの違いが、感じ方の違いに影響してくる。それでも、私たちは世界の空間性を感じ、それを、誰かに向けて語りたいと思う。ただ身近な人だけでなく、中国人やシリア人、エチオピア人に向けて語りたいと思う。イギリス人やドイツ人、ポーランド人に向けて語りたいと思う。感覚は、それぞれである。だが、その様々な感覚内容を言葉にし、語り合うことで、私たちの生きている世界がどうなっているかを、共に理解しようとすることはできる。私たちは、この世界を感じとっている。それを現実のこととして感じている。

今後の課題について、一つだけ述べておく。それは、ニュータウンを、近代の問題として考えていくということである。

ニュータウンの空間秩序は、単純である。異なる部分を分離し、壁で隔て、囲い、その内部を透明にしていく。透明な内部空間は、私室、住宅、団地、街区……というように、秩序化されて配列されるが、並列的な状態にある空間相互（私室と私室、住宅と住宅、団地と団地）は切り離されている。分離し、寄せ集めていく。これがニュータウンの空間秩序の基本である。この空間秩序の内部ではどのような生活が営まれているか。これを問い、言葉にしていくことが、本書の主題であった。そのためには、空間に漂う空気感、質感、雰囲気に即した考察が要請される。それは、空間において生じる感覚的なものをめぐって考えていくことである。ニュータウンには何が生じているか。それは、停止、緊張、倦怠、空虚といったことだが、これらはただそこで生きている人が内部において生じさせている感情というよりは、ニュータウンという空間に特有の感覚であり、雰囲気である。

ニュータウンに漂う雰囲気は、空間の秩序化の産物である。本書では、ニュータウンに特有の空間秩序の背景にあるものについて、立ち入った考察を行なうことができていない。本書は、どちらかといえば感覚の水準から、ニュータウンを言語化してきた。それは、一定の秩序のもとで構築された空間のなかを生きている身体感覚からの思考といえるが、空間秩序のあり方にまで考察を進めるためにはそれだけでは不十分で、さらに、空間秩序の成り立ちの基礎にある原理を問うていくことが求められる。ただし、この原理への問いは、本書で試みた感覚論にもとづく空間論があってはじめて可能になる。それは、ニュータウンの空間秩序を非人間性といった観点から批判的に把握するのではなく、そこに身をおくときに感じられるところに即して概念的に提示することである。当然のことながら、そこでは、近代への問いが出てくるだろう。ただし、近代を問うにしても、前近代やポストモダンといった立場に立つのではなく、あくまでも、ニュータウンの只中で考えてみたい。こうして本書の試みは、近代への問いに向かうことになる。それは近代を、空間性のある経験と見立てたうえで、その内実を問い、論理的な言葉によって明らかにしていくことである。

＊

一九七六年の著書である『時間』で、吉田健一は述べている。

こうして近代で一方では時間が無視されていてそれでも時間がなければ近代という一つの時代も成立しなかったのが自明であることはやはり近代での完璧の追究が人間を無視する方向を取りながらその追究を行っているのも人間だったことと軌を一にする。(6)

時間が無視されるとは、時間が流れ、生成するということへの配慮を欠いた状態で、世界が構築されるということである。近代が、時間を欠いた空間世界であるとしたら、その典型的な具現化ともいえるニュータウンは、近代の問いへの起点となりうる。それは、時間の流れを欠いた空間世界で時間について考えることだが、この思考はおそらく、西洋が主導する近代という時代が終わりつつあるという自覚の徹底化を、要請するものとなるだろう。

本当に時間が生成するのは、そこで生活が営まれていることの着実さを、経験できているときである。そのためには、生活の営まれている場が、地味であっても確かなものとして、保たれていることを要する。アレグザンダーは、ニュータウンのような人工都市に欠けているものがあるという設定のもとでそれが何かを考えようとしたが、この問いの立て方の背後には、人工都市のもとで失われていく本来あるべき都市の純粋な理念なるものが想定されている。私が本書で言おうとしたのは、このような純粋な理念を想定することもまた無理のある設定であって、結局は、ニュータウンという時空間における現実のなかにしか生活の営みの着実さの基底は存在しないと考えるしかない、ということである。現実感がなくても、行為の相互連鎖の場を欠いた状態で散発的に発されてきた行為と言葉は、じつは様々な事物と交わってきたのであり、ニュータウンで生きてきた人たちは、その交わりを確かなこととして経験し記憶してきた。この経験、記憶を、確かではないものとでもいうかのように思わせてしまうのも、やはりニュータウンの空間なのだが。

ニュータウンの空間において第一に見定めるべきは、そこで何が停止を維持し現実感を希薄なものにしているのか、である。そして、この停止状態への囚われから自由に考えふるまうことの可能な拠点がどのようなところか、である。本書の考察は、つまるところ、自由な思考、ふるまいが、ただ拘束から自由な、空無の状態とは違う、実在性、「このもの性」においてのみ成り立つという確信に、導かれてきた。この場は、確かに実在しているのだが、その実在は、そもそもが脆く、朽ちていくことを引き受けたあり方にあることの感覚とともに、確かであり、着実なものとして、感じとられる。ニュータウンは、存在の脆さ、朽ちるという現実を、見ずにすませるところにおいて成り立つ世界といえるだろうが、ニュータウンを棲家としてきた人間は、この脆さを、本当のところは心底知っている。だからこそ、表皮として維持されている停止状態に、戸惑いを感じている。それでも、停止状態もまた虚構ではない。

ニュータウンという世界を生きる身体は、停止を経験しているが、それでも、その奥にある脆さを、感じとっている。この脆さを肯定的に受け入れ、自らの拠り所にすることが、ニュータウンに潜在している未来空間の起点になるのだろう。脆さとは、定まらず、今は偶々そうであっても明日はどうなるかわからないという徹底的な反目的論的状態といえるが、荒川修作とマドリン・ギンズの言葉を借り受けていうなら、私たちは、「偶然的になるしかないという選択肢しかない」状態を生きている。[7] 出会いのなかで形成される関係も、偶然的である。ゆえに、その関係のなかで出会う人たちが身をおく場もやはり、偶然にさらされていて、つねに変わり得るものとして維持されていることを要する。停止ではない動きの生じる状況は、偶然な出会いに開かれつつ、この出会いを確かなもの、意味あるものにし、出会いのなかでかかわっていく人の各々が各々なりに成長していくことを確実にする。ただし、この場が維持されるためには、それを作り出し、維持することにかかわる、専門知の担い手がいなくてはならない。

註

序

（1）村田紗耶香『しろいろの街の、その骨の体温の』朝日文庫、二〇一五年、一〇二―一〇三頁。

（2）エドゥアール・グリッサン『全-世界論』恒川邦夫訳、みすず書房、二〇〇〇年、一九頁。

（3）Hannh Arendt, *The Human Condition*, The University of Chicago Press, 1958, p. 52.

（4）アレントは、公共性を、「結びつけると同時に引き離す」作用の備わる空間として捉えたが、この洞察は、今においても公共性を考えるときの基本として通用しうる。ただし、彼女の場合、西洋の歴史的経験を参照したため、ギリシア的なポリスのイメージに捉われてしまっている。このことの制約には、非西洋で公共空間を考えるときにはとりわけ、意識的になる必要がある。二〇一五年一一月二〇日に京都大学で開催された「京都人類学研究会」での岩谷彩子の報告は「インドの〈道〉にみる公共空間」と題して行われたが、そこでも、インドの〈道〉を公共空間と捉えるとき、どうしてもアレントのいう公共空間とは違うものが出てきてしまうのではないかという疑問が提示された。岩谷自身もそこの違いには自覚的で、アレントの公共空間は中心へと人が集まる広場的なものであるのに対し、インドの〈道〉は、中心へと集まるための空間というよりは人の移動する空間であり、その移動する空間のなかでさまざまな出会いとやりとりが起こる。〈道〉は、おそらくは広場とは違う。それでも岩谷は、〈道〉を公共空間として考えることが可能と述べている。岩谷の考察は、〈道〉という空間に公的なものを見出そうとするものといえるが、非西洋の歴史的経験から、公共空間の形と質感を概念的に提示することの可能性が示唆されている。本書は、アレントを導きにしつつアレントにとらわれないで公的な空間を考えようとするものだが、岩谷のように人類学の領域でも同じような試みが起こりつつあり、また、本書で言及した建築家たちも同じようなことを考えている。一つ、とりわけ重要な事例として、ドットアーキテクツの「馬木キャンプ」を紹介しておく。これは小豆島のなかに建つ、木造の公共空間である。瀬戸内国際芸術祭二〇一三のプロジェクトのなかで建てられたものだが、高度な技術のない人でも建てることのできる材料でできている。建てられる過程には、さまざまな住民がかかわったが、芸術祭が終わった後も、住民の憩いの場として残されている。炊事場と食べることの空間であるキッチン、くつろぐことの可能なパティオ、ラジオ放送の可能なスタジオの三つで構成されている。

（5）グリッサン『全-世界論』、二〇四頁。

（6）坂部恵『〈ふるまい〉の詩学』岩波書店、一九九七年、一二五頁。

（7）同書、一二六頁。

（8）坂部は、『〈ふるまい〉の詩学』のあとがきで、この本は一九八九年に刊行された『ペルソナの詩学』に続くものであると述べている。『ペルソナの詩学』は一九八三年から一九八七年にかけて刊行された論文を踏まえた著書である。ゆえに、『ペルソナの詩学』と『〈ふるまい〉の詩学』は、一九八〇年代から九〇年代の時代の雰囲気を知るためのものとして読むことも可能である。

（9）磯崎新『挽歌集』白水社、二〇一四年、二九五頁。

（10）坂部も、磯崎の『手法が』のために一文を寄せている。「ジャンルの違いをこえて、今日という時代に生きるわれわれに端的に訴えかけるなにものかがここにはある」と坂部はその文の最後に書いている。

（11）Timothy Morton, *Ecology without Nature: Rethinking Environmental Aesthetics*, Harvard University Press, 2007.

（12）モートンはブログをしている。http://ecologywithoutnature.blogspot.jp/

（13）Timothy Morton, "Why Ambient Poetics?: Outline for a Depthless Ecology," *The Wordsworth Circle* 33(1), 2002, pp. 52-56.

（14）ティモシー・モートン「環境主義」小川緑訳、『現代思想』四三巻一号、二〇一五年、一一二—一一九頁。

（15）モートンの思想は、メイヤスーのような思弁的実在論と同時代的なものと考える人もいるかもしれないが、モートン自身は思弁的実在論を様々なところで批判しているので、その間には距離があると考えておく必要がある。たとえば、ティモシー・モートン「涙にくれ、異国の畠中に立ちつくした」小川緑・篠原雅武訳、『現代思想』四三巻一三号、二〇一五年、一四四—一六七頁。

第一部

（1）東直子『ゆずゆずり』中公文庫、二〇〇九年、三一頁。

（2）テオドール・アドルノ＋マックス・ホルクハイマー『啓蒙の弁証法』徳永恂訳、岩波文庫、二〇〇六年、六二頁。
（3）同書、六一―六二頁。
（4）Timothy Morton, *The Ecological Thought*, Harvard University Press, 2010, p.9.
（5）安部公房『燃えつきた地図』新潮文庫、一九八〇年、四頁。
（6）丹生谷貴志『死者の挨拶で夜がはじまる』河出書房新社、一九九九年、五一―五二頁。
（7）安部公房『終わりし道の標べに』講談社文芸文庫、一九九五年、一一頁。
（8）安部公房の満州経験については、藤原辰史に教えてもらった。また、苅部直『安部公房の都市』（講談社、二〇一二年）も、高度経済成長を思考した安部公房の原点に満州があったことを示唆する本となっている。
（9）クリストファー・アレグザンダー「都市はツリーではない」『形の合成に関するノート／都市はツリーではない』二〇一三年。この論文は、建築家だけでなく、哲学者にも影響を与えた。たとえば市川浩は、アレグザンダーの思考をドゥルーズとガタリのリゾームをめぐる考察と関連させて、みずからの身体論の展開への活用を試みている。市川浩「〈身〉の構造」『講座現代の哲学（2）人称的世界』弘文堂、一九七八年。
（10）それが『形の合成に関するノート』である。なお、アレグザンダーが建築界におよぼしたインパクトについては、磯崎新が『建築の解体』（鹿島出版会、一九九七年）所収の論考で論じている。
（11）Christopher Alexander, "A City is not a Tree," *Architectural Form*, 172(April/May)（クリストファー・アレグザンダー「都市はツリーではない」『形の合成に関するノート／都市はツリーではない』稲葉武司＋押野見邦英訳、鹿島出版会、二〇一三年、二一七頁）
（12）松山巌『群集』中公文庫、二〇〇九年、四七二頁。
（13）「人新世」を提唱したのは、パウル・クルッツェンとユージーン・ストーマーである。Paul Crutzen and E. Stoerme, "Anthropocene," *Global Change Newsletter* 41.1, 2000, pp. 17-18. クルッツェンは、二〇〇二年に発表された「人類の地質学」という論考の冒頭で、次のようにいう。「過去三世紀にかけて、人間がグローバルな環境におよぼす影響は高まっている。人間活動の結果としての二酸化炭素排出のために、グローバルな気候は、来るべき何千年もの時間をかけて自然の運行から外れていくことになろう。現在の、多くのやり方で人間が優勢になっている地質学的な時代には、『人新世』という言葉を用いるのが適切であるように思われる。それはこれまでの一万年から一万二千年という温暖な時代である完新世にとって代わりつつある」（Paul Crutzen, "Geology of Mankind," *Nature* 415, 2002, p. 23.）。クルッツェンによれば、人新世の始まりはワットの蒸気機関の発明と時を同じくする。以来一九四五年までが第一段階であり、一九四五年から現在が第二段階である。人新世の影響下での人文学の課題を論じたものとしては、Masao Miyoshi, “Turn to the Planet: Literature and Diversity, Ecology and Totality.” In *Tresspasses,* Duke University Press, 2010. Dipesh Chakrabarty, “The Climate of History: Four Theses.” *Critical Inquiry,* 35(Winter 2009): 197-222. Tom Cohen(Ed.). *Telemorphosis: Theory in the Era of Climate Change,* Vol. 1, Open Humanities Press, 2012. などがある。これはまだ始まったばかりの思考だが、そこで課題となるのは、人間の歴史と自然の歴史を区別して捉えるという伝統的な思考法の克服である。それはただ歴史学だけでなく、哲学、文学、美学、政治学といった人文学の基礎にかかわる重要課題になるだろう。ここで求められるのは、工学やコンピューター科学といった理科系的な素養である。

（14） Timothy Morton, *Hyperobjects: Philosophy and Ecology After the End of the World,* University of Minnesota Press, 2013, p.5.

（15） Timothy Morton, *The Ecological Thought,* p.127.

（16） レム・コールハース＋ハンス・ウルリッヒ・オブリスト『プロジェクト・ジャパン』太田佳代子他編訳、平凡社、二〇一二年、二一頁。

（17） 黒川紀章『黒川紀章――都市デザインの思想と方法』彰国社、一九九六年、一五六頁。

（18） 黒川紀章『都市革命――公有から共有へ』中央公論新社、二〇〇六年、二二〇頁。

（19） 同書、二二五頁。

（20） 黒川紀章『行動建築論（復刻版）』彰国社、二〇一一年、一〇四頁。なお黒川は、オブリストのインタヴューに対し、目に見えない伝統の重要性を論じている。「伝統には目に見えるものももちろんある。しかし重要なのは、目に見えない伝統、思想だと僕たちは考えるんですよ。そこがヨーロッパの人々と大きく違うところなんです。ヨーロッパの思考は物質主義の文明だから、いつも見える伝統のことばかり語っている」。「われわれは伊勢を語るとき、見えない伝統だと捉えます。建築としての目に見える実体は二〇年ごとに再建されて新しいんだけれども、伝統は一二〇〇年間続いていると言うんだな」（コールハース＋オブリスト『プロジェクト・ジャパン』、三八五―三九一頁）。そして黒川は、明治維新以来の西洋文化の模倣に反感をもっていたと主張する。ニュータウンは工業生産力の活用を条件とするのであって、そのかぎりでは、西洋に由来する。にもかかわらず、黒川は、西洋に反対する。この分裂は、近代の日本人の知識人に典型的なものといえる。

（21） Trinh T. Minh-ha, *elsewhere, within here,* Routledge, 2011, p. 61.

（22） Ibid., p. 72.

（23）その戸惑いについては、前田愛『都市空間の文学』（ちくま学芸文庫、一九九二年）で紹介される議論を参照のこと。すなわちニュータウンは、「昔ながらの農村風景の海のなかに屹立する鉄筋コンクリート製の人工島、地域社会から孤立している「都会の〝飛び地〟」（松本健一『共同体の論理』）といった景観を要約するのにふさわしい呼称であった」（同書、五八五頁）。それでいてニュータウンは、当時の国民大衆に受け入れられていく。ニュータウンが建設された六〇年代後半は、国民のあいだに私生活主義が蔓延していく時代でもあった。ニュータウンは、「政治への不信から私的領域を自力で充実させて行こうとする生活防衛」の気風に適合的であった（同書、五八五頁）。なお、藤田省三の高度経済成長批判は、私生活主義への批判であったといえるだろう。私生活主義を批判し、公的世界の復権を主張するというのが、その骨子である。

（24）鈴木毅「千里ニュータウン 1961：『公』が誇りを持ってつくった夢のまち」『建築雑誌』第一二一集・第一五四六号、二〇〇六年、三二頁。

（25）Timothy Morton, *The Ecological Thought*, Harvard University Press, 2010, p. 104.

（26）Ibid., p. 101.

（27）「巨大な姿で浮き上がり、脱有機化した都市は、押しよせる敵に立ち向かうように自然の諸力から日々刻々守らねばならない。しかし、もっとも重要なことは、こうした自然の諸力はありきたりの偶然や事故などという旧来のものではないということである。むしろそれらは、機械存在そのものの複雑さの中に、『自然』の欠如の中に、つまり、機械とともに訪れ、ますます非観照的になっていく諸関係、ますます『数学化』されていく規模に深く根ざしたあの計算的自然の中に、住みついているのである」（エルネスト・ブロッホ「技術者の不安」『異化』船戸満之他訳、白水社、一九八七年、一六二頁）。

（28）磯崎新「建築＝都市＝国家・合体装置」『磯崎新建築論集　第六巻』岩波書店、二〇一三年。

（29）都市の今後の見通しについては、日埜直彦によるインタヴュー『磯崎新 Interviews』（ＬＩＸＩＬ出版、二〇一四年）で述べられている。磯崎がいうには、都市は透明性のある秩序として見通すことはできないし、そのように設計することもできない。「霧状のモナド」としてしかとらえることができない。都市は、不定形でもやもやしていて偶発的なものでありそれを計画することはそもそも矛盾にみちた営みであるという感覚はすでに六〇年代あたりからあったらしくて、そういうことを初期の論文「都市デザインの方法」などで書いていたということはこの本に書かれている。また、この感覚ゆえに、丹下健三やメタボリズムに集った建築家たちが共有していた、都市の成長と変化は秩序化可能だという想定に違和感を感じていて、同時代の美術関係の人たちとかかわりをもち、身体性に依拠した時空間論を構想していたということも書かれている。そしてこの感覚が、八〇年代以後の都市の変化とのかかわりのなかでさらに強まったということも書かれている。そうしてみると、都市は「霧状のモナド」であるという見解は、じつは磯崎の心身に若いときから一貫して通底していた感覚から導き出されたものなのだろうし、「今都市を考えるとしたら、それ全体を揺さぶっているものの問題をどのように方法化できるか、理論化できるかに関わっていると思います」という発言も、けっして思いつきではなく、都市は透明な秩序としてはつくりえないという確信から、出されている。そして磯崎は、つづけてこういう。「もうそれは僕がやる時代ではないのですが、霧のイメージは間違っていなかったと思います。霧の中でデジタルなメソッドが形をどうつくるかという問題がこれから整理されて出てくるのでしょう」(同書、九九頁)。

(30) 磯崎新「建築＝都市＝国家・合体装置」『磯崎新建築論集　第六巻』、二六九頁。
(31) Timothy Morton, *Ecology without Nature Rethinking Environmental Aesthetics,* Harvard University Press, p. 85-86.
(32) Ibid., p. 22.
(33) Timothy Morton, *The Ecological Thought,* p. 103.
(34) Timothy Morton, *Ecology without Nature,* p. 31.
(35) Timothy Morton, *The Ecological Thought,* p. 127.
(36) Trinh T. Minh-ha, *elsewhere, within here,* p. 77.

第二部

(1) Teju Cole, “The City as Palimpsest,” https://www.youtube.com/watch?v=AOq2HWveVok
(2) Henri, Lefebvre, *La production de l' espace,* Anthropos, 1974, p. 7.
(3) クリストファー・アレグザンダー『形の合成に関するノート／都市はツリーではない』稲葉武司＋押野見邦英訳、鹿島出版会、二〇一三年、二一七頁。
(4) 以下、object, objectivity に、客体、客体性の訳語をあてる。この選択は、マイケル・フリードの論文である “art and objecthood” の日本語訳（「芸術と客体性」川田都樹子＋藤枝晃雄訳『批評空間臨時増刊号　モダニズムのハード・コア』太田出版、一九九五年）から示唆を得ている。
(5) 坂部恵『かたり』ちくま学芸文庫、二〇〇八年、一一―一四頁。
(6) 同書、一七頁。

(7) 前田愛『都市空間のなかの文学』ちくま学芸文庫、一九九二年、五六一―五六二頁。
(8) 同書、五六二頁。
(9) 安部公房『燃えつきた地図』新潮文庫、一九八〇年、九頁。
(10) 片寄俊秀『実験都市――千里ニュータウンはいかに造られたか』社会思想社、一九八一年、二一頁。
(11) 安部公房『燃えつきた地図』三八七頁。
(12) 前田愛『都市空間の文学』五六九頁。
(13) 同書、五七〇頁。
(14) 高山英華「住宅と社会生活」『中央公論』六八巻八号、一九五三年、一一八頁。
(15) 鷲田清一『現象学の視線』講談社学術文庫、一九九七年、二六頁。
(16) 高山英華「住宅と社会生活」一一八頁。
(17) クリストファー・アレグザンダー『形の合成に関するノート／都市はツリーではない』、二二三頁。
(18) 同書、二三〇頁。
(19) Hannah Arendt, *The Human Condition*, The University Chicago Press, 1958, p. 188.
(20) Manuel DeLanda, *A New Philosophy of Society*, Bloomsbury, 2006, p. 52.
(21) Arendt, *The Human Condition*, p. 232.
(22) Richard Sennett, *The Conscience of the Eye*, Norton, 1990, p. 136.
(23) 言葉、ふるまい、身振りが、空間において多数なままに相互連鎖し共存していくといった考え方は、写真家のアレックス・ウェブも表明している。「私は、多数の状態、多数の状況、多数の瞬間がいかにして共存し、互いにせめぎあいつつ限定しあうかということに関心をもつ」（Alex Webb and Rebecca Norris Webb, *on Street Photography and the Poetic Image*, Aperture, 2014, p. 41.
(24) Arendt, *The Human Condition*, p. 52.
(25) Ibid., p. 137.
(26) Donald Davidson. (1995), "The Problem of Objectivity," In *Problems of Rationality*, Oxford University Press, 2003.
(27) デイヴィッドソンは、リチャード・ローティ批判など、興味深い議論を行っているが、その独自性は、世界の客体性に立脚したところで、価値の問題を考えようとしたことに求められよう。デイヴィッドソンは、ブルース・チャトウィンが『「未開の」言語には、道徳的な観念に対応する言葉が欠乏していることを発見した多くの人びとは、そこにこうした観念が存在しないと考えている。だが、西洋思想の本質とされる『善』や『美』といった概念は、それらが事物に根ざすのでないなら意味をなさない」と述べていることに対し賛意を表し、「価値は事物に根ざしている」と主張する（Donald Davidson. (1995), "The Objectivity of Values," In *Problems of Rationality,* Oxford University Press, 2003. p. 51)。デイヴィッドソンの考察は、新しい唯物論という思潮をすでに先取りしていたのではないかと思われる。

（28） Timothy Morton, "Environmentalism," In Nicholas Roe, (ed.), *Romanticism: An Oxford Guide,* Oxford University Press, 2005, pp. 696–707.（＝ティモシー・モートン「環境主義」小川緑訳『現代思想』四三巻一号、二〇一五年）

（29） Tristan Garcia, *Form and Object: A Treatise on Things,* Edinburgh University Press, 2014.

（30） 安部公房『箱男』新潮文庫、一九八二年、一二三頁。

（31） Alex Webb and Rebecca Norris Webb, *on Street Photography and the Poetic Image,* Aperture, 2014, p. 20. この作品は、次のブログへの投稿写真がもとになっている。https://webbnorriswebb.wordpress.com/category/two-looks/

（32） "Slant Rhymes: Alex Webb and Rebecca *Norris Webb,*" *New Yorker,* August 11, 2014.

（33） Czeslaw Milosz, "Ars Poetica?", In *The Collected Poems: 1931-1987,* Penguin Twentieth Century Classics, 1997, pp. 240-241. 以下の引用は、いずれもこの詩からのものである。

（34） 坂部恵『〈ふるまい〉の詩学』岩波書店、一九九七年、二一一頁。

（35） Teju Cole, *Every Day is for the Thief,* Faber & Faber Fiction, 2014

（36） コールについては彼自身のウェブサイトも参照のこと。彼が書いた記事やコラムも読むことができる。http://www.tejucole.com/

（37） Teju Cole, *Open City,* Random House, 2012, p. 3.

（38） Ibid., p.6.

（39） Ibid., p.16.

（40） Ibid., p. 38.

（41） http://www.3ammagazine.com/3am/palimpsest-city/

（42） Christopher Alexander, *The Timeless Way of Building,* Oxford University Press, 1979, p. 19.

（43） 乾久美子＋東京芸術大学乾久美子編集室『小さな風景からの学び』ＴＯＴＯ出版、二〇一四年、二三四頁。

第三部

（1）マッシモ・カッチャーリ「現代都市の哲学」田丸久美子・阿部真弓訳、『批評空間』第三期第四号、二〇〇二年、七三頁。

（2）Massimo Cacciari, *Architecture and Nihilism: On the Philosophy of Modern Architecture*, Yale University Press, 1993, p. 4.

（3）Ibid., p. 6.

（4）松本康がジンメルのこの文章を翻訳している。オンラインで読めるのでこちらを参照されたい。http://www.rikkyo.ne.jp/web/ymatsumoto/library/simmel.pdf

（5）川添登『建築の滅亡』現代思潮社、一九六〇年、一七九頁。

（6）カッチャーリ「現代都市の哲学」、七四頁。磯崎新も同じようなことを考えている。磯崎は、二〇世紀の後半に世界では〈大都市〉が展開を停止し、〈超都市〉の兆候がみえはじめたと述べている（磯崎新「〈都市〉はアーキテクチャアか」『磯崎新建築論集第六巻』岩波書店、二〇一三年、一八二頁）。

（7）カッチャーリ「現代都市の哲学」、八〇頁。

（8）大阪北部では、彩都以外にも、箕面森町のような開発がおこなわれている。千里中央周辺のマンション開発も進んでいる。千里ニュータウンでは人口が減り、空き家が増えているのにもかかわらず、新しく開発がなおも進んでいくというのは、いったいどういうことだろうか。なお、砂原庸介の『大阪』では、自治体や民間資本のあいだで相互連関を欠落させた状態で再開発が進んだことが問題であると述べられている。「再開発事業は大阪市のような大都市のみならず各衛星都市でバラバラに計画されたものであり、大都市という圏域から見て最適な配置を考えて計画されているわけではない……これらの事業が民間資本を中心に行われていたことも大きい。個別の事業で、民間資本は事業にかかった費用を回収し、なるべく多くの利益を上げようと考える。そのために、個別の事業が高層化・大規模化することとなり、結果として再開発事業がさらに過剰に競合する。このような民間の論理を止めるような一元的なリーダーシップは、大都市には存在しえないのである」（砂原庸介『大阪』中公新書、二〇一二年、九九―一〇〇頁）。

（9）豊川斎赫『群像としての丹下研究室』オーム社、二〇一二年、三一二頁。

（10）レム・コールハース＋ハンス・ウルリッヒ・オブリスト『プロジェクト・ジャパン』太田佳代子編訳、平凡社、二〇一二年、三三二頁。

（11）浅田孝『環境開発論』鹿島出版会、一九六九年、一一頁。

(12) 砂原庸介『大阪』中公新書、二〇一二年、九三頁。
(13) 浅田孝『環境開発論』九五頁。
(14) 高山英華「住宅と社会」『中央公論』一九五三年八月号、一一八頁。
(15) コールハース＋オブリスト『プロジェクト・ジャパン』六六頁。
(16) 中島直人「高山英華による都市計画の学術的探求に関する研究」『都市計画別冊：都市計画論文集』四三巻三号、二〇〇八年一〇月、一七〇頁。
(17) 田辺元「社会存在の論理」『種の論理――田辺元哲学選Ⅰ』岩波文庫、二〇一〇年、一九頁。
(18) 藤田正勝の解説（解説『種の論理――田辺元哲学選Ⅰ』岩波文庫、五〇三頁）によれば、田辺が社会存在の論理を構想したことの背景には、満州事変後の日本国家の変質があった。国家が個人に対して強制力を行使することの由来について哲学的に問うことが、田辺の関心事であった。現在、田辺を読むことの意義の一つは、一九三〇年代において形成されつつあった国家秩序の論理がどのようなものであったかを反省的に捉えることにあると私は考える。
(19) 同書、一七頁。
(20) 同書、九一頁。
(21) Herbert A. Simon, *The Science of the Artificial*, The MIT Press, 1996, p. 169.
(22) Ibid., pp. 183-184.
(23) クリストファー・アレグザンダー「都市はツリーではない」『形の合成に関するノート／都市はツリーではない』押野見邦英訳、鹿島出版会、二〇一三年。
(24) 磯崎は、アレグザンダーの関心が、一貫して「生成システム」に向けられていると述べている。つまりセミ・ラティスとは、「一種の織り物で、重複性、不確定性、多様性にみちている」「一見して混沌としているが、生命力にあふれ、むしろ事件が突発的な連鎖でおこってもそれを包含し、自動的に調整できる安定性をそなえている」。アレグザンダーの思考においては、重なり合い、多様性にもまして重要なのは、生成システムがつくりだされていること、それも、自動調節の安定性をそなえたシステムとしてつくりだされていることである（磯崎新『建築の解体』鹿島出版会、一九九七年、一八〇頁）。
(25) アレグザンダー「都市はツリーではない」二三八頁。
(26) 同書、二四〇頁。
(27) 浅田孝『環境開発論』二七一―二七三頁。

(28) 同書、二七三頁。
(29) 笹原克『浅田孝』オーム社、二〇一四年、一七九頁。
(30) 浅田孝『環境開発論』、一四頁。
(31) 笹原克『浅田孝』、二〇五―二一一頁。
(32) Herbert A. Simon, *The Science of the Artificial*, p. 4-5.
(33) Ibid., pp. 5-7.
(34) Ibid., p. 33.
(35) だがサイモンには、都市の空間性をつくりだしていく方法論の考察を徹底化することができていない。建築デザインが、二次元や三次元の現実空間における事物の配置にかかわるものであるというだけでなく、この空間が、設計者の頭のなかに存在する「空間」とは別のものであるということまではサイモンも論じているが、ではいったい、この現実空間をどのようなものと考えたらよいかとなると、考察は不徹底である。(Ibid., pp. 132-133.)
(36) 以上の田辺からの引用は、田辺元「社会存在の論理」『種の論理――田辺元哲学選Ⅰ』七三―七六頁。
(37) Timothy Morton, *The Ecological Thought*, Harvard University Press, 2010, pp. 20-21.
(38) 藤田正勝「『種の論理』はどのようにして成立したのか」『思想』二〇一二年第一号、三六―三七頁。
(39) 田辺元「図式『時間』から図式『世界』へ」『田辺元全集　第六巻』筑摩書房、一九六三年、九頁。
(40) 同書、一七頁。
(41) 藤田正勝「『種の論理』はどのようにして成立したのか」、四三―四四頁。
(42) Christopher Alexander, "A city is not a tree", http://www.bp.ntu.edu.tw/wp-content/uploads/2011/12/06-Alexander-A-city-is-not-a-tree.pdf
(43) Timothy Morton, *Ecology without Nature: Rethinking Environmental Aesthetics*, Harvard University Press, 2007. p. 93.
(44) 佐藤良明『ラバーソウルの弾みかた』岩波書店、一九八九年、九七頁。
(45) 同書、二三七頁。
(46) 坂部恵『ペルソナの詩学』岩波書店、一九八九年、八三頁。
(47) 同書、七八頁。
(48) アトリエ・ワン『コモナリティーズ』ＩＮＡＸ出版、二〇一四年。

(49) 磯崎新「〈都市〉はアーキテクチュアか」『磯崎新建築論集　第六巻』岩波書店、二〇一三年、二八一頁。

(50) 同書、二八八頁。

(51) 磯崎新「都市の類型」『磯崎新建築論集　第二巻』岩波書店、二〇一三年、二四八頁。

(52) 小松左京『未来の思想』中公新書、一九六七年、一九七―一九八頁。小松は、開発が「自然の屍」の上に築かれたものであるということを、認識している。「日本の国土というものは、……各地方、各地域というものは、それ自体が、一つのデリケートな生き物なんだ。人間も、町も、山川草木も、すべて一体となって、とても繊細で、美しく、やさしい〝生き物〟になっているんだ……その上に、都市や技術という、あらあらしい〝機械の力〟がおおいかぶさってくる。――こいつはものすごい力をもっている。そんなやさしい、デリケートな、自分自身を守る力をほとんどもっていない生き物をひねりつぶすことなんかわけはない」（『日本タイムトラベル』、二八頁）。小松の苦悶は、〝生き物〟を蹂躙していく〝機械の力〟に敏感でありつつ、近未来都市の出現を不可抗力的なものと捉え、そこに加担したことに由来するのだろう。ニュータウンもまた、〝生き物〟としての国土をひねりつぶしていく過程の産物である。そうと認識してしまえば、ニュータウンは自然破壊の象徴であり、反対すべきということになろう。あるいは逆に、〝機械の力〟が国土を圧倒するというのは時代の必然であり、そのこと自体に何の問題もないと思うのであれば、小松のように思い煩わなくてよくなる。なお、小松のこうした暗い思想が、一九七三年に刊行された『日本沈没』の下敷きにあったと考えることもできるだろう。

(53) 同書、二〇〇頁。

(54) Timothy Morton, *The Ecological Thought*, Harvard University Press, 2010, p. 8.

(55) 藤原辰史「分解の哲学」『現代思想』四一巻九号、二〇一三年七月、一一九頁。

(56) 丹下健三『建築と都市』彰国社、一九七〇年、四〇頁。

(57) 磯崎新＋日埜直彦『磯崎新Interviews』ＩＮＡＸ出版、二〇一四年、三一三頁。

(58) 同書、九九頁。

(59) 同書、一六七頁。

(60) 磯崎新「年代記的ノート」『空間へ』鹿島出版会、一九九七年、四八七頁。

(61) 同書、四八七―四八八頁。

(62) 同書、四八七頁。

(63) Timothy Morton, "Why Ambient Poetics? Outline for a Depthless Ecology", *The Wordsworth Circle*, 33(1),Winter,

2002, p. 54.

(64) 磯崎新「見えない都市」『空間へ』鹿島出版会、一九九七年、三八三―三八四頁。

(65) 磯崎新「孵化過程」『空間へ』鹿島出版会、一九九七年、四〇頁。

(66) 磯崎新「見えない都市」『空間へ』鹿島出版会、一九九七年、三七四頁。

(67) Henri Lefebvre, *La production de l' espace*, Anthropos, 2000, p. 463.

(68) Ibid., p. 103.

(69) 中原昌也『あらゆる場所に花束が……』新潮文庫、二〇〇五年、七〇―七一頁。

(70) Timothy Morton, *Ecology without Nature*, p. 143.

(71) Ibid., p. 144.

(72) Herbert A. Simon, *The Science of the Artificial*, The MIT Press, 1996, pp. 4-5.

(73) 坂部恵「自在・ふるまい・かなしみ」『ペルソナの詩学』岩波書店、一九八九年、八〇頁。

(74) 同書、八一頁。

(75) 磯崎は、東北アジアにおいて群島化が進行するという見通しを立てている。そこには、ただグローバリゼーションを超えるといった硬直的な抽象論とはまったく異なる理論的洞察が含まれている。「今日の世界の構図が、海に消えた国境線をあらためて無意味にし、閉港を不能にし、あげくに日本を東北アジアの孤島ではなく、世界そのものを無数の群島と化しているのだとみたらどうなるか」(磯崎新『建築における「日本的なもの」』新潮社、二〇〇三年、三三一頁)。ということはつまり、崩壊・融解は、群島化とともに進行する。

(76) 坂部恵『〈ふるまい〉の詩学』岩波書店、一九九七年、二〇―二一頁。

(77) 坂部恵『ペルソナの詩学』岩波書店、一九八七年、八二―八三頁。

(78) 坂部恵『〈ふるまい〉の詩学』、五頁。

(79) 同書、一〇頁。

(80) 同書、一四七―一四八頁。

(81) 同書、二一頁。

(82) 坂部恵『ペルソナの詩学』、七四頁。

(83) 中原昌也『あらゆる場所に花束が……』新潮文庫、二〇〇五年、六三頁。

(84) 松嶋健『プシコ　ナウティカ　イタリア精神医療の人類学』世界思想社、二〇一四年、一―三頁。

(85) マヌエル・デランダは、「現実」にかかわる哲学の三つの立場(観念論、経験論、実在論)について次のように述べる。観念論は、人間の心から独立のものは存在しないと考える。経験論は、直接に観察できるものにのみ、人間の心から独立の実在性があると考える。それに対して実在論は、たとえ直接に観察できないものであっても、人間の心から独立の実在性があると考える。Manuel Delanda, "Ontological Commitments," *Speculations: A Journal of Speculative Realism IV*, 2013. 本書が取り組む「雰囲気」や「気配」は、まさにデランダのいう実在論の立場に立つことでのみ思考が可能と私自身は考えている。

(86) 槇文彦『記憶の形象(下)』ちくま学芸文庫、一九九七年、三三頁。

(87) 同前、三九頁。

(88) 多木浩二『生きられた家』岩波現代文庫、二〇〇一年、三頁。

(89) 多木浩二については、長島明夫が編集している『建築と日常』の別冊として刊行された『多木浩二と建築』(二〇一三年)を参照のこと。これに収録されている文献表をもとにして多木浩二が六〇年代から七〇年代にかけて書いていたものを検討すると、興味深いことがわかってくる。まず、彼は建築と写真を同時的に論じていた。しかも、その背景には、大阪万博への批判的な立場があった。「異端の空間」(一九六八年七月)「篠原一男についての覚書」(一九六九年四月)と、次の篠原論「意味の空間」(一九七一年)のあいだに、『provoke』との交流、万博批判、『まずたしからしさの世界をすてろ』の刊行、「変身する建築」(連載)がある。「写真に何が可能か」と「眼と眼ならざるもの」という写真論(いずれも、『まずたしからしさの世界をすてろ』)には、「世界をどう捉えたらよいか」という関心がある。これと同時期に書かれた建築論である「空間化、装置か」にも、同様の関心がみられる。そして、「変身する建築」という連載は、ちょうど万博が開催されていた期間に書かれていた。それが終わって、篠原一男論(「意味の空間」)が書かれる。そのちょうど一年後、「まなざしの厚みへ」という重要な写真論が書かれ、それから、一九七二年に『ことばのない思考』という単著が刊行される。

(90) 同書、九頁。

(91) 同書、九頁。

(92) 同書、六頁。

(93) 同書、八頁。

(94) 同書、六頁。

(95) 同書、一三頁。

(96) 多木浩二『建築家・篠原一男』青土社、二〇〇七年、四七頁。
(97) 田辺元「図式『時間』から図式『世界』へ」『田辺元全集　第六巻』筑摩書房、一九六三年、二三頁。
(98) 同書、一七頁。
(99) 坂部恵『和辻哲郎』岩波現代文庫、二〇〇〇年、一〇五頁。
(100) 田辺元「図式『時間』から図式『世界』へ」、一八頁。
(101) 塚本由晴「更地と集合住宅」『10＋1』第一号、ＩＮＡＸ出版、一九九四年、六七頁。
(102) Tristan Garcia, *Form and Object: A Treatise on Things*, Edinburgh University Press, 2014, p. 75.
(103) 片寄俊秀『実験都市』社会思想社、一九八一年、四三頁。
(104) 日笠端「住宅地開発の問題と将来の方向」『建築雑誌』第七三集第八五四号、一九五八年一月、二四―二九頁。
(105) 槇文彦『記憶の形象（下）』、三六頁。
(106) 同書、三七頁。
(107) 黒川紀章「定住単位計画の理念と方法」『黒川紀章　都市デザインの思想と手法』所収、彰国社、一九九六年、二四―二五頁。
(108) 黒川紀章『都市デザイン（復刻版）』紀伊國屋新書、一九九四年、七〇頁。
(109) 黒川紀章「定住単位計画の理念と方法」、二六頁。
(110) 黒川紀章『行動建築論（復刻版）』彰国社、二〇一一年、一〇三頁。
(111) 同書、一〇〇頁。
(112) 同書、一〇四頁。
(113) レム・コールハース＋ハンス・ウルリッヒ・オブリスト『プロジェクト・ジャパン』太田佳代子編、平凡社、二〇一二年、一三頁。
(114) 梅棹忠夫「国際文化都市・千里」『梅棹忠夫著作集　第二一巻』中央公論社、一九九三年、一九五―一九六頁。
(115) 梅棹忠夫「都市と文化開発の三〇年」『梅棹忠夫著作集　第二一巻』中央公論社、一九九三年、一二〇頁。
(116) 梅棹忠夫「国際文化都市・千里」『梅棹忠夫著作集　第二一巻』中央公論社、一九九三年、一九七頁。
(117) レム・コールハース「ジャンク・スペース」『S, M, L, XL ＋』太田佳代子＋渡辺佐智江訳、ちくま学芸文庫、二〇一五年、一四頁。
(118) 磯崎新『空間へ』鹿島出版会、一九九七年、一一七頁。

（119） Trinh T. Minh-ha, *elsewhere, within here*, Routledge, 2011, p. 66.
（120） Ibid., p. 69.
（121） Gille Deleuze and Felix Guattari, *Mille Plateaux*, Les Edition de Minuit, 1980, p. 15-16.（＝ジル・ドゥルーズ＋フェリックス・ガタリ『千のプラトー』宇野邦一他訳、河出書房新社、一九九四年、二一頁）
（122） Ibid., p. 16.（＝同書、二一―二二頁）
（123） Ibid., p. 16.（＝同書、二二頁）
（124） 非意味的切断については千葉雅也が『動きすぎてはいけない』（河出書房新社、二〇一三年、二二―二三頁）で論じている。千葉もまた、重要なこととして、意味をもちすぎる切断の回避をあげている。そしてこの意味をもちすぎる切断の回避がそれとは別種の切断に向かうことを指摘し、かつ、この別種の切断が接続と裏腹の関係にあることを述べている。だが千葉は、接続が外へと向かう運動性であり、錯綜体のさらなる形成を促していくことについて十分に論じていない。
（125） 坂部恵『ペルソナの詩学』岩波書店、一九八七年、三八頁。
（126） Gille Deleuze, *Difference et repetition*, PUF, 1968, p. 304.

第四部

（1） Manuel DeLanda, *A New Philosophy of Society*, Bloomsbury, 2006, p. 1-6.
（2） David Harvey, *Rebel Cities*, Verso, 2012, pp. 3-4.
（3） ギー・ドゥボール『スペクタクルの社会』木下誠訳、ちくま学芸文庫、二〇〇三年、一五四―一六三頁。
（4） フェリックス・ガタリ『三つのエコロジー』杉村昌昭訳、平凡社ライブラリー、二〇〇八年、九頁。
（5） 同書、九頁。
（6） 同書、一〇頁。
（7） 同書、四八頁。
（8） フェリックス・ガタリ『カオスモーズ』宮林寛・小沢秋広訳、河出書房新社、二〇〇四年、三七頁。
（9） ガタリ『三つのエコロジー』、一九頁。Félix Guattari, *Les trois ecologies*, Galilée, 1989, p. 22.
（10） 同書、三四―三五頁。
（11） ゲイリー・ゲノスコの指摘にもあるように、ガタリが主体性の新たなる発展を主要な関心とするのは、ちょうどエコロジー論へと関心を向けていくのと同時期である。なお、こうした関心の推移が起こったのは一九八〇年代の後半においてであるが、それは八〇年代前半という「冬の時代」への解毒剤のようなものであった。すなわち、保守主義とネオリベラリズムであり、それに対応する思潮としてのポスト・モダニズムであり、ガタリのいう「統合された世界資本主義」という時代を経て、エコロジーへの関心が明確になった、ということである (Gary Genesko "Subjectivity and Art in Guattari' s *The Three Ecologies*." In *Deleuze/ Guattari & Ecology*. Ed. Bernd Herzogenrath, Palgrave Macmillan, 2009, p. 103.

（12）ガタリ『三つのエコロジー』、二二頁。

（13）ガタリ『カオスモーズ』、一九頁。

（14）ガタリ『三つのエコロジー』、二二頁。

（15）ガタリ『カオスモーズ』、三五頁。

（16）同書、三六―三七頁。

（17）Félix Guattari, *Cartographies schizoanalytiques*, Galilée, 1989, p. 9.

（18）Ibid., p. 15.

（19）Bernd Herzogenrath "Nature/Geophilosophy/Machinics/Ecosophy," In *Deleuze/ Guattari & Ecology*. Ed. Bernd Herzogenrath, Palgrave Macmillan, 2009, p. 5.

（20）ジル・ドゥルーズ＋フェリックス・ガタリ『アンチ・オイディプス（上）』宇野邦一訳、河出文庫、二〇〇六年、一五頁。

（21）Timothy Morton, *Ecology without Nature: Rethinking Environmental Aesthetics*, Harvard University Press, 2007, p. 87.

（22）ガタリ『カオスモーズ』、四〇頁。

（23）Guattari, *Cartographies schizoanalytiques*, p. 15.

（24）Ibid., p. 22.

（25）ガタリ『三つのエコロジー』、六九頁。

（26）同書、六九―七二頁。

（27）Felix Guattari, "Tokyo, the Proud," In *Machinic Eros: Writing on Japan*, Ed. Gary Genosko and Jay Hetrick, pp. 13-16. 安部公房の小説についてガタリは、「東京が、第三世界の解放の北方の首都へと生成すべく、西洋資本主義の東

方の首都であることをやめることになる」という見通しを提示したものとして評価している。
(28) 安部公房『都市への回路』中央公論社、一九八〇年、一〇九—一一〇頁。
(29) 安部公房『箱男』新潮文庫、一九八二年、三〇頁。
(30) 同書、二一頁。
(31) 安部公房『都市への回路』、一一四頁。
(32) 安部公房『箱男』六五—六六頁。
(33) 同書、四二頁。
(34) Manuel Delanda, "Ontological Commitments," *Speculations: A Journal of Speculative Realism IV*, 2013, p. 72.
(35) 坂部恵『ペルソナの詩学』岩波書店、一九八七年、三八頁。
(36) 磯崎新『手法が』鹿島出版会、一九九七年、一五頁。
(37) 『公共空間の政治理論』(人文書院、二〇〇七年)を書いていたとき、私自身、「外部」「多様性」「開放」といった言葉に呪縛されていた。切り離された空間をつなぐところに境界領域が形成されるという見通しに、とらわれていた。安部や磯崎は、内部をつくるということが境界をつくることになり、それが外へと広がるという展望をもっていたのだろうが、グローバリゼーションなどの影響のもとでこの展望は日本の知的世界で忘れられていたのではないか。私にはそこがわかっていなかったと思う。ところで、小泉義之の『ドゥルーズと狂気』によると、ドゥルーズは一九七三年に発表された「口さがない批評家への手紙」で、次のように述べていたらしい。「私は、なかば自発的でなかば強いられた地下潜行=非合法の時代が近づいていると感じている。その時代は、政治的でもある、最も若々しい欲望の時代になるだろう」(小泉義之『ドゥルーズと狂気』河出書房新社、二〇一四年、三五九頁)。
(38) http://architecturephoto.net/39292/
(39) たとえば、山室信一『キメラ——満州国の肖像(増補版)』中公新書、二〇〇四年、三七七—三七八頁を参照のこと。「これまでの人文・社会科学の研究におきましては、時間という基軸でしか対象をとらえてきませんでした。それに対し、私は空間そのもののありかたや空間認識という観点から人文・社会科学研究の再構築を図ることが、二一世紀には緊要な課題として浮かび上がってきていると考えています。異なった自然環境や異なった風土において、人はどういった発想や思考をするのか、あるいはそもそも人間にとって空間とは何なのか、を根源的に考え直す必要があります」。
(40) ルフェーブルについては、拙著『公共空間の政治理論』(人文書院、二〇〇七年)の第二章で論じたので、これを参照されたい。

(41) Henri Lefebvre, *La production de l'espace*, Anthropos, 1974, p. 339.

(42) Ibid., p. 97.

(43) 坂部恵『〈ふるまい〉の詩学』岩波書店、一九九七年、二〇頁。

(44) Victor Erice, "Lifeline", https://www.youtube.com/watch?v=a4ovQDfCwZU

(45) 「ビクトル・エリセとの対話、一九九二」『紀伊國屋映画叢書二』紀伊國屋書店、二〇一〇年、一五七頁。

(46) それでも、静寂が大切という認識は、現在はさまざまな分野で広まりつつある。ミュージシャンのフライング・ロータスは、二〇一二年発売のアルバムUntil The Quiet Comesについて、こう述べている。「タイトルには、瞑想的な状態、死、新しい生命、死後の世界、あの世などの意味が含まれているよ。"quiet（静けさ）"というのは、涅槃の状態のことも指している。努力してここまできて、忙しくなって、生活の中で静けさを見つけることが難しくなってきたんだ。だから昔は簡単にできたことが難しくなるんだ。創作に打ち込む時間を作って、エネルギーを見つけることが難しくなってくる。静けさが訪れると、それを大切にして楽しまないといけない。静寂はとても貴重なものだということに気づいた。俺が平和で静かな状態を取り戻したいという気持ちがタイトルに反映されてるんだ。今の俺の人生には、たくさんの喧噪があるからね」（国内盤アルバムの解説文より）。

(47) 田辺元「図式『時間』から図式『世界』へ」『田辺元全集　第六巻』筑摩書房、一九六三年、一〇頁。

(48) 同書、一〇頁。

(49) 空間性を離れては時間の観念も空疎になるという洞察を示した文学者の一人が、吉田茂の息子である吉田健一であった。世界は、自分が身をおく空間として存在するのであって、そこへの意識を欠くならば、世界の観念も時間感覚も自己認識も空疎になる。一九七六年に刊行された著書である『時間』で、吉田は次のように述べている。「これは我々が時間の拡りの範囲内で認識するということでもある。そしてこれはその自分ということにも直接に繋っていて現に呼吸し、意識している自分というものを時間から切り離すことは出来ない。その間も血管は脈を打ち、それが時間のうちで行われていることは息をしている自分の現状からも明かであってそれ以外に自分というものがあると思うのは浪漫主義か何かの影響でその自分に就て妄想に耽っているのである……それでその自分の周囲にその自分も含めて世界が拡る」（『時間』講談社学術文庫、一九九八年、一六五頁）。「時間の拡り」は、時間の空間性のことである。

(50) Henri Lefebvre, *La production de l'espace*, p. 7.
一定の空間に身をおくことへの自覚とともに時間が経っていくことである。

(51) Ibid., pp. 88-89.
(52) Ibid., p. 90.
(53) Ibid., p. 108.
(54) Ibid., p. 463.
(55) 雰囲気や気配への無感覚は、ルフェーブルの社会空間にかんする考察の継承者であるデイヴィッド・ハーヴェイにいっそう如実に現れている。シャロン・ズーキンが述べているように、ハーヴェイは、「都市空間を形成し、再形成する資本の力」に着目した（Sharon Zukin, "David Harvey on Cities", In *David Harvey: A Critical Reader*, Ed. Noel Castree and Derek Gregory, Blackwell, 2006, p. 104）。ハーヴェイが問うのは、資本主義のもとで空間がいかにして生産され、いかなる形状となるか、さらには、それがいかに資本主義のもとでの社会的不平等を反映しているか、である。それは、ゲットーの形成や、中間層の郊外の拡大、中心市街地の再開発といった空間形成に資本の運動を見定め、その不平等を乗り越える道を探ろうとする、ということである。つまりハーヴェイの議論においては、空間と資本との関係は、後者が前者を一面的に決定するということになっている。資本が空間の形成要因となり、あるいは破壊要因にもなるというとき、じつはハーヴェイは、生産物としての空間がいかなるものになっているかを考えていたというよりはむしろ、空間にたいする資本の影響力がどのようなものになっているかを考えていたということになろう。空間にたいする資本の影響力にどう抵抗するかということがハーヴェイの主要な問題関心であるらしい。そしてズーキンは、それゆえにハーヴェイが、「都市を独自に、現実のものにする、視覚的で、感覚のすべてにかかわる質感」には、関心を示さなかったと述べる（Ibid., p. 103）。ここで確認したいのは、ハーヴェイたちのいう空間の概念が、正しいか誤っているかではない。彼らの空間概念が、質感への関心を示さないことを前提に組み上げられた概念枠に位置づけられている、ということである。私自身は、ハーヴェイたちとは異なる言語で空間を考えようとしている。だからハーヴェイたちの議論にしても、概念枠の図式的な理解は可能だが、彼らが何を信じてこのようなことを言っているのか、じつはよくわからない。
(56) Trinh T. Minh-ha, *elsewhere, within here*, Routledge, 2011, p. 70.
(57) 安部公房『燃えつきた地図』新潮文庫、一九八〇年、八—九頁。
(58) 同書、九頁。
(59) 同書、二五頁。
(60) 田辺元「図式『時間』から図式『世界』へ」、二一二頁。

（61） Timothy Morton, *Ecology without Nature: Rethinking Environmental Aesthetics*, Harvard University Press, 2007, p. 161.

結語

（1） 多木浩二『生きられた家』岩波現代文庫、二〇〇一年、二三五頁。

（2） ヒントになりそうな著作として、ドミニク・チェン『電脳のレリギオ：ビッグデータ社会で心をつくる』ＮＴＴ出版、二〇一五年。Alexander R. Galloway, *The Interface Effect*, Polity, 2012. を挙げておく。

（3） 本書は、文字で書かれている。音楽ではないし、映画でもない。だが、本書の叙述スタイルは、映画や音楽と同じく、空間性のあるものであったと言えるかもしれない。ところで坂口恭平は、書くこと自体を空間的なものとしておこなっていることに自覚的であるとみずから述べている。「書くという作業は文字の表面だけではなく、さまざまな捉え方、読まれ方、意味を包含している。その空間性に僕は惹かれているのだと思う。現実という目の前の世界に実際に建っている建築よりも、僕には空間として、肌に感じられているのである」（坂口恭平『坂口恭平躁鬱日記』医学書院、二〇一三年、七一―七二頁）。

（4） 非西洋人として思考することの大切さについては、Hamid Dabashi, *Can Non-Europeans Think?*, Zed Books, 2015. を参照のこと。

（5） Timothy Morton, *The Ecological Thought*, Harvard University Press, 2010, p. 51.

（6） 吉田健一『時間』講談社文芸文庫、一九九八年、四九頁。

（7） Madeline Gins and Arakawa, *Architectual Body*, The University of Alabama Press, 2002.

あとがき

本書は、二〇一三年から二〇一五年にかけて書かれた文章をもとにしている。いずれも大幅に加筆し修正している。初出は次のとおりである。

序文　書き下ろし

第一部
第一章「ニュータウンの哲学」『10+1 on the web』二〇一四年一二月。
第二章　書き下ろし
第三章「自然なきエコロジーは、ホーリズムなきエコロジーである」『現代思想』四二巻一号、二〇一三年。

第二部
第一章「人工の都市／匿名の都市」『現代思想』四三巻一〇号、二〇一五年。

第二章　「空間の静謐／静謐の空間」『10＋1 on the web』二〇一四年四月。

第三部
第一章　「近未来都市の哲学」『現代思想』四二巻一六号、二〇一四年。
第二章　「新しい都市のマテリアリズム」『現代思想』四三巻一号、二〇一四年。
第三章　「ニュータウン以後の都市像をめざして」『住宅』六三巻、二〇一四年。

第四部
第一章　「主観性／主体性の拡張」『現代思想』四一巻八号、二〇一三年。
第二章　書き下ろし

結語　書き下ろし

本書は、多木浩二の『生きられた家』への応答として書かれている。一九七五年という、私が生まれた年にその原型が書かれたといわれるこの本から、私は多くを学んだ。多木は、「近代都市をたんにかつての象徴的都市のように解いてみようとしても無駄であるが、かといってわれわれに理解できないざわめきや不安を捉えるには、科学的な言語で充分とはいえないのである」というのだが、文学でも科学でも捉えられないものを捉えるための思考の装置と言語を発案するというのは、じつはとても大変な作業である。それは今もなお人文学の最大の課題だろう。多木はその先駆者であった。

それでも、多木が民家に本来的な空間を想定するという基本設定には、違和感があった。それは、私自身がこの世界に向き合う際の基本的な感覚にかかわってくる。民家のような家に住んだことのない私には、多木の言っていることがわからない。この違和感をどうしたものかとずっと思案していたのだが、ただ違和感を言うだけでなく、そもそも私がこの世界において何を感じているのかを率直に書くほうがよいのではないかと考えるようになった。

感覚から書くなどという試みには、批判もあるだろう。それは主観的な思い込みから書くことと同じではないのか、と。これについてはこう答えておく。感覚から書くことと、主観的な思いを書くことは、全く異なる。前者は、現実世界へと心身を開く状態で書かれるのに対し、後者は、自意識を介して世界に接するところにおいて書かれている。つまり、感覚から書くということは、現実世界への感度を高め、可能なかぎりでその裸形をつかみとり、文章化するということである。

じつは、現実世界への感度を高めるという試み自体が、反時代的である。現代は、どちらかといえば、現実世界への感度の鈍麻が優勢だからだ。たとえばスピヴァクは述べている。「情報の支配が、知ることと読むことを駄目にしている。かくして私たちは、情報とどうつきあったらよいのか本当のところよくわかっていない」。たしかに私たちは、インターネットの普及にともない多くの情報を手に入れることができるようになった反面、得られた情報の内容を綿密に読解し理解するという営みを疎かにしてしまうことがある。理解し読解するためには、その対象をしっかりと受け入れ、時間をかけてかかわっていくことが求められる。その根幹に、感覚能力がある。感覚からニュータウンについて書こうと試みた本書は、感覚能力を実践的に鍛錬するための本として書かれたと考えることもできそうである。

感覚の技法は、感覚と表現に区分できる。つまり、現実世界のあり方への感度と、表現能力である。感度は、見ること、聞くことという五感だけでなく、見えないが感じられるものという雰囲気への想像力もそこに含まれる。そして表現には、書くこと、話すことだけでなく、音楽、映画、彫刻といったものも含まれる。

感覚の鍛錬は、それほどむずかしいことではない。街を歩き、人と会話し、映画をみたり本を読み、音楽を聴く。そうやって、世界のあり方を感じとる。どうなっているのか、どうなるのかを想像する。それは、一人でもできるが、誰かが身近にいればもっといい。自分が感じたことを言葉にするというだけでなく、誰かが感じ、話すのを聞き、その人の感触とのかかわりのなかで自分の感触の正しさを確かめていくという過程があったほうがいい。私たちは、まずは自分の感覚に自信を持つべきだと思う。それでもその感覚は、他の人の感覚との相互連関のなかで確かめられるべきものであって、そうなると、様々な人の感覚が出会う場が必要になってくる。ではその場はどのようなものとなるべきか。そうやってまた、議論は本書に戻っていく。


ところでスピヴァクは、情報の支配が人間の思考と読解力を駄目にしているといっておきながら、自分は技術を否定するわけではないとも言っている。私も、情報過多の状態は人間の沈思黙考の妨げになると考えているが、他方で、情報メディアが現実への感覚能力を高めることになるのではないかとも考えている。たとえば音楽は、今では YouTube や soundscape などで最先端のものが無料で聴けるし、レアな音源がアップされていることもある。あるいは、英語で書かれた文章にしても最新のものが無料で読めるし、気になる作家が何を書いているかということもすぐにわかる。じつはモートンやテユ・コールを知ったのもネットを通じてであったし、また、アレックス・ウェブの写真のことを知ったのもネットを通じてであった。最新の文章を読み、先端的な写真を感じ、また、最新の音楽を聴くというのは、現実世界への感度を高めるための鍛錬である。本書は、まさにネットカルチャーが急速な展開を遂げていくのと軌を一にして書かれている。そして、ネットカルチャーの影響を自分の感覚能力と思考へと組み入れていく姿勢を学んだのも、同時代的に模索し活躍しているさまざまな実践家からであった。インターネットには、解放的な側面と抑圧的な側面の両面がある。感覚能力を鍛錬するものでありつつ、思考を停止させるものでもある。そこを見極めるためには、情報取得能力を高めつつ、現実世界への感度も高めなくてはならない。

なぜ私の関心がニュータウンに向かったのかと疑問に思った人もいるかもしれない。理由はそれなりにたくさんあるのだが、一つだけ述べておく。それは、神戸在住のトラックメイカーでありＤＪでもある tofubeats（http://www.tofubeats.com/）のインタヴューである。彼が『クイック・ジャパン』（二〇一三年四月刊行）のインタヴューで自分の音楽のルーツが神戸のニュータウンの空間にあると述べているのを偶々読んだとき、私はとても驚いた。ニュータウンという、無機質で、文化性など皆無としか思えない空間で音楽活動をやっているという発言に、勇気づけられた。ルーツレスともいうべき空間が、実験的な音楽の土壌にもなりうるのであれば、人文学も可能である。tofubeats のインタヴューを読むことをきっかけにして私の内になぜか生じたこの確信が、本書の核にある。本書は、tofubeats のこのインタヴューに触発されて書かれた。書きながら彼の音楽も聴いていた（とくに『lost decade』所収の「水星」や、森高千里が歌う「Don't Stop The Music」は何度も聴いた)。聴きながら、何度も勇気づけられた。現代の新しい音楽の動きに触れることが出来たのも、彼の音楽を通じてであったと思う。

また、本書をほとんど書き上げた状態で知ったのだが、ニュータウンをモチーフにしている現代美術家がいる。中島晴矢である。中島は、とあるインタヴューで、「ニュータウンは私の地元であり、この街の小綺麗な秩序に対して、両義的な思いがある」と述べている。この秩序への介入として、みずからの表現実践があることに、中島は自覚的である。介入から別の美のあり方を提示することを自分の課題にしているらしいのだが、ここにもまた、tofubeats との同時代性があると考えることが可能であるし、本書中で紹介した能作淳平の建築実践にも似たものを読みとることが可能である。

ところで本書は、二〇一一年の震災と事故以後の、自らの思考法の徹底的な問い直しの成果である。思考法だけでなく、誰を相手に語るべきか、何に見切りをつけるべきか、いったいこれからどうやって生きていくべきかということを、徹底的に問い直した。震災後は、私も混乱していた。今も心の深層では、混乱は収まっていないのだが、どういうわけか、このような問い直しを進める過程で、現状に対して前向きになった。前向きになったのは、私より年齢の若い人たちのあいだで私の本が不思議と読まれていることを知るようになったこととも関係がある。これからどうなるのかを真剣に考えている彼/彼女らとともに、現状をどうやっていい方向に変えるかを考えなくてはならない。そうであるならば、無理をしてでもポジティブになることが求められる。現状は困難に満ちているが、困難であることについて不平不満をいっても意味がない。

さらに本書は、安部公房や坂部恵など、今では忘れられたような人たちの文章から多くの示唆を得ようとした。じつは、近年の若手建築家たちが手掛ける古民家の再生に、似たような関心を見て取ることが可能である。それらにも、古いものを破壊し、更地にし、新築を建てるということへの躊躇いが感じられる。今の生き方、生活様式にあわせ、古いものと新しいものを出会わせ、共存させていく技法が、そこで駆使されている。私のような人文系の文章を書く人間からみても、学ぶべきことが多々ある。

*

これまでの著書と同じく、本書もほとんど引きこもり状態で書かれている。だが今回は、以前ほど自分を追い詰めないで書くことができた。何人もの人に助けていただいたからだと思う。ようやく人の意見をちゃんと参考にして書くことができるようになった。以下、謝辞を述べさせていただきます。

日埜直彦さま。私自身、『空間のために』を書いていたときとはものの見方が随分と広くなったと思いますが、それは日埜さんのおかげです。建築家としての実務をこなしつつ、建築や都市、思想といった多くのことを学び文章を書いている日埜さんの独立独歩の姿勢から多くを学んでいます。

藤原辰史さま。アイデアがまだおぼろげな状態で一年ほどこじんまりとした研究会を続け、多くの議論を交わしました。藤原さんは、私にはまったく思いもよらぬ意見をいうときがあります。それではっとさせられることが多いのだけれど、その思いもよらないことの理由は、私とはまったく違う幼少時代の経験があるのだと思います。幼いころの経験で培われた感覚をみずみずしく保った状態を基礎にして難易度の高い研究分野に取り組んでおられる藤原さんは本当に凄いと思います。

小泉義之さま。一度、大学におじゃまして、お話をうかがいました。数時間のことでしたが、勇気づけられました。本書の基本方針を定めたといっても過言ではないと思います。何を話したかは、秘密にしておきましょう（もうお忘れだろうとは思いますが私は鮮明に憶えています）。じつは、小泉先生の文章を何かにつけて読むようになったのは、二〇一〇年代になってからです。私自身、いろいろ迷っていたのですが、その迷いがどこから来ているのかを考えるうえで、小泉先生の文章から多くの示唆をえることができました。

そして本書の執筆においては、大阪大学大学院国際公共政策研究科稲盛財団寄附講座での教育・研究活動から多くのヒントをいただき、様々な面で助けていただきました。特任教員のみなさま、事務スタッフのみなさま、大阪大学総合図書館の司書の方々、星野俊也先生、藪中三十二先生には、感謝の念にたえません。

その他、授業やイベントなどでさまざまな方と議論し、助けていただきました。石原俊松行輝昌さま、中村隆之さま、塚本由晴さま、岡部明子さま、宇野重規さま、榑沼範久さま、石原俊さま、北野圭介さま、加藤政洋さま、岸井大輔さま、本間直樹さま、金瀬胖さま、百木漠さま、松岡隆浩さま、平川秀幸さま、瀧本裕美子さま、服部圭佑さま、孔彧さま、鄭秋実さま、宮尾真梨子さま、山本仁実さま、日下宗大さま、阪野一真さま、柴田一生さま、井坂智人さま、Jiang Chun さま、陳冠伶さま、黄靖逸さま、久保宏太さま、柳侑子さま、小松美穂さま、佐藤福子さま、野間裕香さま、Zhang Zhilin さま、Almasri Yahya さま、上砂考廣さま、李媛媛さま。京大人文研でおこなわれている研究会「環世界の人文学」のみなさま。とくに、石井美保さま、松嶋健さま、瀬戸口明久さま。本書のもとの原稿となった『住宅』への執筆の機会を与えてくれた柴田健さま、谷川浩一さま。同じく、『10＋1』への機会を与えてくれた飯尾次郎さま。かつしかけいたさま。須藤巧さま。本橋哲也さま、常山未央さま、金野千恵さま、能作文徳さま、能作淳平さま、岩谷彩子さま。

元青土社の贄川雪さま。企画段階ではお世話になりました。青土社の弘保悠湖さま。編集作業、ありがとうございます。そして、同じく青土社の押川淳さま。押川さんは、『現代思想』誌の編集のかたわら、私の著書企画にとことんつきあってくれました。じつはこの著書の原案は二〇一二年の頃から考えていたのですが、そのときから、ずっと対話の相手を努めてくれました。心より感謝します。

最後に、篠原凡子さま、優芽さま、そして恵実さま。いつも考えごとで夢遊状態にあった私が今もなんとか生きていることができるのはみなさんのおかげです。ありがとうございます。

二〇一五年

篠原雅武

著者紹介
篠原雅武（しのはら・まさたけ）
1975年神奈川県生まれ。専門は哲学、都市と空間の思想史。1999年京都大学総合人間学部卒業。2007年京都大学大学院人間・環境学研究科博士課程修了。博士（人間・環境学）。現在、大阪大学大学院国際公共政策研究科特任准教授。著書に、『公共空間の政治理論』（人文書院、2007）、『空間のために——遍在化するスラム的世界のなかで』（以文社、2011）『全－生活論——転形期の公共空間』（以文社、2012）。訳書に、マヌエル・デランダ『社会の新たな哲学——集合体、潜在、創発』（人文書院、2015）。共訳書に、M・デイヴィス『スラムの惑星——都市貧困のグローバル化』（明石書店、2010）、R・ケリー『フリーダム・ドリームス——アメリカ黒人文化運動の歴史的想像力』（人文書院、2011）ほか。2016年に開催されるヴェネチア・ビエンナーレ国際建築展日本館制作委員。

生きられたニュータウン
未来空間の哲学

2015年12月15日　第1刷印刷
2015年12月29日　第1刷発行

著者——篠原雅武

発行人——清水一人
発行所——青土社
〒101-0051　東京都千代田区神田神保町1－29　市瀬ビル
［電話］　03-3291-9831（編集）　03-3294-7829（営業）
［振替］　00190-7-192955

印刷所——ディグ（本文）
方英社（カバー・扉・表紙）
製本——小泉製本

装丁——松田行正

ISBN978-4-7917-6900-1 C0010